数字化转型

理论与实践

林吉双 等 著

人民出版社

目　　录

第一章　数字化转型理论

物联网、大数据、云计算、区块链、人工智能和 5G 等新一代信息技术的发展,使人类社会的生产方式、发展方式、治理方式和生活方式等发生深刻的数字化转型或变革。从近年的数字化转型情况看,数字化转型不仅是一种技术、一种思维、一种方法,更是一种理论(如数字化转型经济发展理论、数字化转型战略管理理论、数字化转型社会治理理论等);因此,为有效推进产业、企业、政府和消费者的数字化转型,必须对数字化转型的实践经验进行分析、总结进而上升为理论,以便用理论指导实践,推动我国数字化转型和数字经济的持续健康发展。

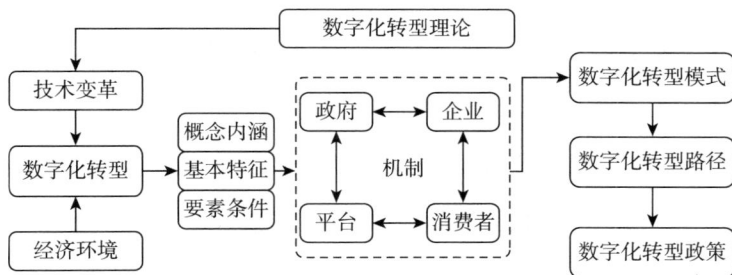

图 1-1　数字化转型理论导图

资料来源:笔者自绘。

第一节　数字化转型的概念、内涵、特征和分类

一、数字化转型的概念

（一）数字化的概念

数字化是指运用互联网、大数据、云计算、区块链、人工智能等新一代信息技术,将物理世界中复杂多变的数据、信息和知识,转变为一系列二进制代码,形成计算机可识别、存储和计算的数字、数据,再以这些数字和数据建立起相关的数据模型,进行统一处理、分析和应用的过程。

本质上,数字化不仅是一种技术(数字化技术),也是一种思维(数字化思维),亦是一种方法(数字化方法),更是一种理论(数字化理论);具体运用到经济发展方面,就是经济数字化技术、经济数字化思维、经济数字化方法、经济数字化理论等。

（二）数字化转型的概念

什么是数字化转型? 数字化转型一词最早由瑞典学者施托尔特曼(Stolterman)在 2004 年提出,国内外学者主要从三个方面对数字化转型进行了定义。一是从转型主体定义数字化转型。马特(Matt)等(2015)认为,数字化转型是一种战略蓝图,可以引领企业通过集成数字技术实现转型,并处理好受数字化冲击而产生的一系列变化;德米尔坎(Demirkan)等(2016)认为,数字化转型是社会各主体充分利用数字技术带来的变化、机遇以及社会的变化,推动市场、产业、业态等发生深刻变化。二是从转型领域定义数字化转型。托比亚斯(Tobias)等(2020)认为,数字化转

型是建立在数字技术基础上的变革,引领企业运营、业务流程和价值创造的独特变化;皮奇尼尼(Piccinini)等(2015)认为,数字化转型是利用数字技术使企业的主营业务实现改进或转型,如增强顾客的使用体验或重组业务结构。三是从转型效果定义数字化转型。韦斯特曼(Westerman)等(2014)认为,数字化转型是使用数字技术从根本上提升企业的绩效、拓展企业业务范围;安筱鹏(2019)认为,数字化转型的本质是充分运用数字技术和数据资源解决复杂不确定性问题,不仅提升效率,更是能力的跃升,从而构建企业新型竞争优势。

综上,我们可以将数字化转型定义为:市场上各行为主体运用新一代信息技术,推动组织再造、流程优化、业态和模式创新等过程,以便实现降低成本、提升效率、变革赋能和创造价值。本质上看,数字化转型不仅是一种技术,也是一种思维(数字化转型思维),亦是一种方法(数字化转型方法),更是一种理论(数字化转型理论);将数字化转型运用到经济发展上,就是经济数字化转型思维、经济数字化转型方法、经济数字化转型理论等。

二、数字化转型的内涵

数字化转型是一场由新一代信息技术发展引发的社会发展方式变革,这场发展方式变革主要包括以下几个方面。

(一) 社会生产方式数字化变革

社会生产方式主要包括生产力和生产关系两个方面。生产力方面,数据成为劳动、资本、土地、知识、技术、管理之后又一重要的生产要素,其自身不仅能创造巨大的价值,而且还赋能其他生产要素发挥更大的效能;

物联网不仅能实现物与物、物与人的连接，进行信息和通信交换，还能实现对物品的智能化感知、识别和管理；云计算不仅拥有强大的计算能力，还可以为用户提供高质量低成本的软硬件服务；区块链成为数据分布式存储载体，能够有效确保数据安全；人工智能及其载体软件不仅成为机器设备的大脑，而且定义着制造产品的性能等。生产关系方面，由于数据成为新的关键的生产要素，新的生产要素及其技术体系的大规模应用，引发了从研发制造到投资贸易、从产业分工到产业组织形态等的深刻变革；每个国家、企业的竞争优势都会发生变化，全球研发与生产、投资与贸易格局也将重新进行调整；以数据为关键生产要素的数字化转型不仅改变了企业生产经营和资源配置的方式，也成为新一代信息技术发展条件下全球生产体系调整和生产方式变革的主要方向。

（二）社会经济形态数字化变革

互联网、大数据、云计算、区块链、人工智能和5G等新一代信息技术发展，催生了数字经济的蓬勃发展，也使得数字经济成为继农业经济、工业经济、服务经济之后的社会经济形态。一方面，新一代信息技术催生了数字产业的出现，数字产业不仅以前所未有的速度蓬勃发展，而且对传统产业的发展带来越来越多的影响；另一方面，传统产业为适应新一代信息技术发展，加快了与新技术融合发展、创新发展的步伐，传统产业通过数字化转型实现了生产与组织模式变革、产业业态和商业模式变革。因此，随着数字产业化和产业数字化的持续发展，数字经济将成为时代的主流。

（三）社会治理方式数字化变革

数字化转型，推动了国家、企业等社会各行为主体模式、治理能力的变革和提升。从国家层面看，政府数字中心、云服务平台等数字基础设施的建设,使政府治理数字化、政府决策数字化、政府服务智能化,提升了政府运营效率和服务价值。从企业层面看,数字化营销改变了企业与客户的沟通模式,使企业的产品和服务直达世界各地的消费者;数字化制造改变了企业的生产模式,使企业可以根据实时收集的客户需求数据进行精准分析,为客户提供符合需求的高质量产品,实现降本增效;数字化管理改变了企业的决策模式,使企业能够通过融合内外部数据,深入洞察自身的经营管理情况,有效提升决策的效率和质量等。

（四）社会生活方式数字化变革

生活方式的数字化转型,使我们的生活更加便捷、高效和富有新意。消费生活方面,消费方式数字化、消费产品/服务的数字化、消费行为的数字化等使移动支付、网络购物、在线娱乐成为常态;社交生活方面,在线交友、视频恋爱已成时尚;劳动生活方面,在线办公、视频开会已成潮流。总之,数字化转型使我们生活方式发生了翻天覆地的变化。

三、数字化转型的特征

（一）连接在线是数字化转型的基本形态

数字化转型是要通过连接实现数字孪生,以便让数据赋能市场各主体、经济各产业的发展。物联网技术的突破性发展,使人与人、人与物、物与物之间能够实现有效连接,使政府和企业等能够实现一切业务在线化,一切业务数据化,从而将政府和企业等各项业务在数字空间中镜像化展现,形成数字孪生。政府和企业等将各项业务搬到线上之后,所有业务数据以及与政府和企业有关的大数据将同时全部被存储于数字空间中,形成海量数据。政府和企业等可以基于数据治理、数据计算、数据建模、数据加工,开展多维度的数据洞察,让数据真正赋能政府和企业的管理和运营,为政府的公共管理与服务、企业的运营与服务创造更大的价值。因此,连接在线是市场主体实现拥有数据战略资源的重要方式。

（二）数据驱动是数字化转型的主要动力

数字化转型的实质是使政府和企业等市场主体的发展方式,由原来的组织和业务流程驱动向现在的数据驱动转型。从政府层面看,通过数据驱动优化政府的组织结构、业务流程和治理方式,推动数字政府决策更科学、治理更精准、服务更高效。从企业层面看,数据驱动主要是通过改变或生成新流程、新组织、新模式、新产品和新市场来转变所有经济主体;一方面,体现为农业、制造业、传统零售业等的服务化转型,通过关系庞大、实时更新的数据库向客户提供服务产品;另一方面,也为各个行业在数据驱动下降低运维成本、减少环境污染和资源消耗、提升运营效率。

（三）智能发展是数字化转型的核心目标

数字化转型的核心目标是实现市场主体、经济产业的智能化发展,智能化发展就是要放大数据资源、数据要素、数据资产作为数字经济发展最关键资源、要素和资产的价值。因此,要大力发展人工智能技术,通过提升算力、优化算法,充分发挥好"算力+算法+数据"的巨大能动作用,助力智慧政府(包括智能办公、智能监管、智能服务和智能决策)和智慧企业(包括智能设计、智能制造、智能营销、智慧服务和智慧管理等)的建设。

四、数字化转型的分类

数字化转型的分类,划分标准不同,转型的分类也不同。本书研究的数字化转型分类,主要从市场主体和产业领域两个方面进行分类,即市场主体的数字化转型和产业领域的数字化转型。

(一)市场主体的数字化转型

市场主体,主要包括政府、企业和消费者三大类。以市场主体作为标准划分的数字化转型,就包括政府数字化转型、企业数字化转型和消费者数字化转型三个方面。

1. 政府数字化转型

政府是政府数字化转型的实施者,也是产业、企业和消费者数字化转型的推动者。一方面,为切实履行好政府数字治理的职能,政府要积极稳妥地推进自身的数字化转型,尽力加快数字政府建设,有效提升政府数字决策、数字办公、数字监管和数字服务的能力和水平;另一方面,要通过加快推进数字基础设施建设、探索构建数字数据市场体系、颁布实施数字数据规制标准体系、有序促进数字数据要素自由流动和持续优化数字营商环境等措施,为产业、企业和消费者的数字化转型保驾护航,充分发挥好政府在数字化转型中的引领、推进和实施者的作用。

2. 企业数字化转型

传统企业是企业数字化转型的主体,数字企业是企业数字化转型的服务主体。一方面,传统企业要主动适应新一代信息技术的发展要求,积极推进设计、采购、制造、营销、售后、管理等各环节的数字化转型,持续构建满足自身发展需求的数字生态,在实现降本增效、创新发展的同时,为客户提供满意的数字产品和数字服务。另一方面,数字企业要持续发展和创新数字技术,为传统企业转型提供可行的数字技术和可靠的解决方案,为传统企业的数字化转型提供技术支撑。

3.消费者数字化转型

消费者是消费数字化转型的主体,也是政府和企业数字化转型的促进者。一方面,消费者要跟上数字时代的发展步伐,主动适应、有效使用数字购物的方式方法,尽情享受数字消费带来的便捷、新颖和超值感受,使数字生活消费方式逐渐成为我们消费方式的主流。另一方面,消费者通过对数字购物方式的运用、企业数字产品和服务的消费、政府数字服务的使用所形成的心理感受和主观评价等,对企业和政府持续改进和完善数字产品和数字服务提供反馈,切实发挥好消费者用脚投票的监督和促进作用。

(二)产业领域的数字化转型

产业数字化转型主要包括农业、制造业和建筑业、服务业等三大产业数字化转型,产业数字化转型是以新一代信息技术为支撑,以数据为关键要素,以价值释放为核心,以数据赋能为主线,对产业链上下游全要素数字化升级和再造,实现传统产业与数字技术的融合发展和创新发展。产业数字化转型,首先发生在制造业领域,在制造业数字化发展的基础上,传统制造业开始数字化转型;随后,产业数字化转型再依次扩展到服务业和农业领域。目前,产业数字化转型已成为全球各国实现经济创新发展新动能的力量源泉。

第二节　数字化转型的动因、要素和条件

一、数字化转型的动因

数字化转型的动因包括很多,归纳起来主要包括以下三个方面。

（一）技术变革的动因

科学技术表明人类的每一次巨大的技术革命,历次技术革命都会引发经济社会转型。第一次技术革命以蒸汽动力技术及相关机械制造技术为主导,开启了人类的蒸汽化时代;第二次技术革命以电力技术、内燃机技术及电磁通信技术为主导,开启了人类的电气化时代;第三次技术革命以计算机、微电子、自动控制等技术为主导,开启了人类的信息化时代。当今第四次技术革命以新一代信息技术(包括大数据、云计算、物联网、区块链、人工智能、5G 通信网络、高性能集成电路等)为主导,开启了人类社会的数字化和智能化时代。为适应数字化和智能化时代的要求,人类社会的经济形态、组织形态、社会形态等必须进行数字化转型,培育和形成数字能力,更好地迎接第四次工业革命的到来。

（二）经济复兴的动因

数字技术发展、数字化转型为我国发展提供了巨大的机遇。经过四十多年来的经济高速发展,我国已成为世界第二大经济体,在数据资源规模和数字技术发展方面,我国也与美国同处世界领先行列;目前,我们不仅具备了复兴的经济基础,同时也具备了复兴的技术和资源条件。因此,我们要大力推进经济社会的数字化转型,加快提升我国的综合竞争能力。

（三）环境变化的动因

1. 全球产业链、供应链出现断裂

大力发展数字技术和推动数字化转型,有利于打通产业链和供应链。自美国 2018 年挑起中美贸易摩擦以来,经济全球化发展受阻,民族主义、孤立主义、保守主义盛行,全球高技术产业链和供应链已出现断裂。因

此,要大力发展和突破关键领域数字核心技术,有力推进数字化转型,打通产业链和供应链,提升产业竞争力,确保国家产业安全发展。

2. 新冠疫情加快了数字化转型步伐

新冠疫情的发生和持续,一方面,推动了产业数字化转型,催生出很多新业态,手机银行、在线教育、远程医疗和在线娱乐等蓬勃发展;另一方面,市场各主体的数字化转型速度加快,线上政务、在线营销、线上购物快速发展,全社会的数字化转型持续推进。

二、数字化转型的要素

(一) 数字技术是数字化转型的前提和基础

数字技术是一种可以将各种信息(包括图、文、声、像等)转化为计算机可以识别的语言,并进行加工、储存、分析以及传递的技术。数字技术主要包括大数据、云计算、物联网、区块链和人工智能等。数字技术作为一种先进的生产力,它与各行各业深度融合不仅有效降低了生产、组织和运营成本,而且还大大地提高了整个社会的生产效率和运行效率。

1. 大数据技术为数字化转型提供数字资源

大数据是指一种规模在获取、存储、管理和分析方面大大超出传统数据库软件工具能力范围的数据集合,具有海量规模、快速流转、多样类型和低价值密度等特征。大数据技术能够有效地将没有价值的数据剔除,将结构化数据、非结构化数据、业务系统实时采集数据等以分布式数据库、关系型数据库、非关系型数据库等数据存在计算技术进行分类存储与处理,使得数据研发计算与应用能够真正服务于政府的公共管理与服务和企业生产与销售,有效支撑企业数字化转型。

2. 云计算技术为数字化转型提供数字设备

云计算是融合了集群计算、网络计算、虚拟化、并行处理和分布式计算的新一代信息技术,也是一种通过互联网以按需、自助的方式向客户提供硬件和软件等 IT 服务的新型信息技术服务模式。云计算不仅能为数字化转型提供高效的运算能力,而且也能根据用户的需求快速配备计算能力及资源,有效降低数字化转型的成本。

3. 物联网技术为数字化转型提供数字传输

物联网是指使用射频识别、激光扫描仪等信息传感物理设备,按照约定协议可以把任何物品与互联网连接起来,进行通信和信息交换,能够实现物理生产环境的智能化识别、定位、跟踪、监控和管理的一种网络。物联网具有自我学习、处理、决策和控制的行为能力,能够为数字化转型提供智能化生产、管理和服务等。

4. 区块链技术为数字化转型提供数字信息

区块链是指一种利用加密链式区块结构验证与存储数据,使用分布式节点共识机制生成和更新数据,通过智能合约编程和操作数据的一种去中心化的基础架构与分布式计算范式,区块链具有去中心化、开放性、独立性、安全性和匿名性等特征。区块链所构建的诚信网络,能使市场主体在无信任关系的条件下开展商业活动、进行价值交换、促进自身发展;因此,区块链为数字化转型提供了安全的数字信息环境。

5. 人工智能为数字化转型提供数字智能

人工智能是研究如何应用计算机的软硬件来模拟人类某些智能行为的基本理论、方法和技术及应用系统的新一代信息技术。人工智能通过算法分析和处理帮助我们在海量数据中主动发现用户当前或潜在需求等有用信息,并主动推送信息给用户;而且也能使机器胜任一些通常需要智能才能完成的复杂工作,更能通过深度学习赋能数字化转型,实现智能设计、智能制造、智能营销、智能管理和智慧服务等。

（二）数字工具是数字化转型的利器和保障

数字工具即软件，软件包括系统软件和应用软件两大类；系统软件包括操作系统和支撑软件，应用软件包括开发支持型、通用应用型和垂直应用型软件。

数字工具已成为推动经济社会与数字技术深度融合和数字化转型的主要利器。以通用软件为例，开发支持型软件如数据采集、计算存储、挖掘分析、应用开发、交互展示等通用技术产品，不断涌现，成为数字技术在各行各业应用的"加速器"；通用应用型软件如线上营销、远程协作、数字化办公等趋于成熟，成为实体产业探索数字化的重要起点；垂直应用型软件如智能质量检测、设备预测性维护、医学影像智能识别、农作物智能种植等行业类的应用创新探索不断，成为实体产业通过数字化转型提升生产力的关键。

（三）数据是数字化转型的驱动要素和血液

数据是对客观事实进行记录的符号，是对客观事物进行记载的物理符号或这些物理符号的组合，数据包括声音和图像等模拟数据、符号和文字等数字数据。

数据是数字化转型的关键驱动要素。产业发展上，数据不仅是重要生产要素，而且能集聚其他生产要素、形成要素之间的协同效应，促进农业、工业和服务业数字化升级，打造智慧农业、智能制造、智能交通、智慧物流、数字金融的数字商贸等新业态、新模式；政府治理上，数据信息的透明和对称，不仅可以提升政府的治理水平，而且促进政府实现决策的数字化、管理的数字化和服务的数字化等；企业运营上，有了数据，企业就可以预测、布局和规划,就可以通过了解用户的偏好进行推荐和定制,就可以改进设备持续创新产品和服务,就可以精准分析形势以规避和防范风险。

三、数字化转型的条件

(一) 强有力的组织领导是数字化转型的前提条件

数字化转型是一次深刻的系统性变革,不仅要投入大量的资源而且也刻不容缓;因此,只有各种组织、各级组织中的高层领导重视,才能够有力推进数字化转型的推进。目前,数字化转型已上升为世界主要经济体的国家战略,我国政府高层领导非常重视数字化转型工作,出台了数字化转型的战略规划、实施方案和政策措施,有力地推进了国家治理、经济社会的数字化转型。从企业数字化转型的理论与实践情况看,企业数字化转型是"一把手"工程;只有"一把手"重视数字化转型,才能成立专门的推进机构,才能保证数字化转型所需要的人财物的投入,也才能有效推进组织流程、业务流程和管理流程的数字化转型。

(二) 高水平的人才队伍是数字化转型的核心条件

数字技术人才是实现数字化转型的根本保证。数字化转型需要多领域、高素质的复合型人才,这些人才主要包括数字技术、数据利用、流程优化和组织变革等方面。在数字化转型中,只有那些能够准确掌握和深刻理解数字技术的人,才能有效使用数字技术适应各业务领域转型的特定需要,切实发挥技术作为数字化转型的引擎作用;只有那些能够充分认识和理解数据资源价值的人,才能有效运用数据实现部门协同、产业链供应链协同,充分发挥数据资源作为数字化转型的血液作用;只有那些能够熟练掌握和充分理解业务流程的人,才能根据转型需要优化和再造流程,充分发挥业务流程作为数字化转型的引导系统作用;也只有那些能够充分了解和准确认识和深刻洞察组织架构的作用和效能的人,才能充分发挥组织变革作为数字化转型的起落架作用。因此,市场各转型主体要组建数字技术、数据利用、流程优化和组织变革人才团队,通过团队有效的协同和合作切实推进数字化转型的各项工作。

(三) 高效能的数字平台是数字化转型的能力保障

数字化转型需要数字平台的赋能。其中,工业互联平台是推动工业数字化转型的关键平台。工业互联网平台作为工业技术和数字化技术深度融合的产物,不仅是工业全要素、全产业链、全价值链实现连接、汇聚、配置的枢纽,而且凭借其连接能力、数据分析与处理能力、平台化服务能力、开发与构建用户体验应用能力等,为制造业和制造业企业数字化转型装上了"智慧大脑",助力制造业数字化和智能化发展。

电子商务平台是企业营销数字化转型的支撑平台。电子商务平台不仅可以帮助企业将传统的商务流程电子化和数字化,有效降低人力和物力成本;而且可以使交易活动在任何时间和地点进行,极大地提高了贸易的可及性和有效性;也有助于中小企业以较低的成本进入全球电子商务市场,在拥有与大企业一样信息资源的同时,持续提高贸易的竞争能力。更为重要的是,企业通过互联网可以直接与消费者进行交流、谈判和签订合同,商家和消费者可以把自己的意见和建议反映到企业网站,企业就可以根据商家和消费者对产品和服务的评价作出改进或优化,实现供需的良性互动。

(四) 优质的数字基础设施是数字化转型的硬件保障

数字基础设施是指以数据创新为驱动、通信网络为基础、数据算力设施为核心的基础设施体系,其具有打破信息界限、产业界限、空间界限和促进供需互动、产业跃升的显著功能。数字基础设施主要包括 5G 通信设施、工业互联网、大数据中心、云计算中心等。其作用是:5G 通信设施是实现人机物互联的网络基础设施,具有高速率、低时延和大连接的特点,能满足在线医疗、车联网、智能家居、工业控制、环境监测等物联网应用需求,是经济社会数字化、网络化和智能化转型的关键新型基础设施。

工业互联网是新一代信息通信技术与工业经济深度融合的新型基础设施、应用模式和工业生态,通过对人、机、物和系统等的全面连接,搭建起覆盖产业链供应链价值链的全新制造和服务体系,为制造业网络化、数字化和智能化发展提供了有效的实现路径。

(五) 良好的数字营商环境是数字化转型的保障条件

随着数字技术、数字化转型和数字经济快速发展,世界主要发达国家纷纷提出加强数字营商环境建设,并提出了一系列数字营商环境评价指标体系。国家工业信息安全发展研究中心于 2021 年提出数字营商环境评价指标体系,该评价体系包含数字支撑体系(包含普遍接入、智慧物流设施、电子支付设施等)、数据开发利用与安全(包含公共数据开放、数据安全等)、数字市场准入(包含数字经济业态市场准入、政务服务便利度等)、数字市场规则(包含平台企业责任、商户权利与责任、数字消费者保护等)、数字创新环境(包含数字创新生态、数字素养与技能、知识产权保护等)等五个一级指标和十三个二级指标,这个指标体系较好地反映了我国数字营商环境的实际建设情况。

第三节 数字化转型的机制、模式、路径和政策

一、数字化转型机制

什么是机制？机制是指一个系统内部各组成部分之间相互依存、相互作用的功能和原理。数字化转型机制，广义地讲就是指一个社会各市场主体在数字化转型过程中形成的相互依赖、相互依存、相互作用的功能和原理。数字化转型机制是否有效，直接决定和影响着数字化转型的成败；因此，建立有效的数字化转型机制，是各市场主体在推进数字化转型工作中必须首先解决好的一项工作。

数字化转型机制是指在数字技术发展引起系统性变革的环境下，通过政府引领、企业主导、平台赋能、消费者参与、各方合作所形成的相互依赖、相互依存、相互作用的功能和原理。

1.政府引领是数字化转型的前提

随着数字经济的蓬勃发展，数字化转型已上升为世界各主要经济体的国家战略，政府引领已经成为各国数字化转型工作有效开展的前提和基础。政府引领主要包括：一是战略引领，从国家层面做好各产业、各市场主体的数字化转型的顶层设计，有效统领数字化转型的各项工作。二是组织引领，建立健全数字化转型组织机构，统筹数字化转型战略、机制、模式、路径和政策的制定和推进工作。三是政策引领，制定和出台数字化转型的财税、金融、人才等各项扶持政策，为各市场主体的数字化转型提供政策激励。四是规制引领，制定和颁布数字化转型的法律法规、规则标准体系，为数字化转型提供市场化、法制化和国际化的营商环境。

2. 企业主导是数字化转型的核心

数字化转型是一项系统工程,只有充分发挥企业的主导作用,数字化转型才能成功。一方面,企业是产业数字化转型的主体,也是政府数字化转型的参与者,更是消费者数字化转型的引领者;另一方面,企业是数字化转型的实施者,只有企业成功实施数字化转型,产业数字化转型才能实现、政府数字化治理才能有成效,消费者数字化转型才能落地。因此,企业要树立数字化理念,形成数字化思维,培养数字化治理能力,有效推进研发设计、生产制造、营销物流、售后服务等全链条的数字化,实现运营理念、企业决策、组织架构、业务流程和商业模式的数字化转型,构建企业数字生态,切实发挥数字化转型的主体作用。

3. 平台赋能是数字化转型的基石

赋能不仅是数字平台的生存方式,更是数字平台的发展使命。一方面,数字技术不仅为数字平台的广泛连接和远程触达提供了基础,而且也为数字平台通过大数据资源积累和挖掘并对外输出创造了可能;另一方面,数字平台不仅拥有大数据、物联网、云计算、区块链和人工智能等促进实体经济转型的核心技术,而且也能提供这些技术应用和落地的最广泛场景;还有,数字技术提供了平台互联互通、网络嵌合的有效手段,多数字平台对实体经济传统企业的多维度赋能成为可能。因此,数字平台可根据市场主体的需要向其进行流量赋能、数据赋能、技术赋能、基础设施赋能和一体解决方案赋能等助力数字化转型。

4. 消费者参与是数字化转型的条件

消费者不仅是数字产品和数字服务的需求者,而且是各种数字平台的使用者。从需求影响、有时是决定供给的角度看,消费者喜不喜欢供给者(企业)提供的数字产品、数字服务和数字平台服务,直接影响和决定企业数字化转型的成败。

消费者数字化转型,包括消费方式的数字化、消费行为的数字化、消费产品/服务的数字化等。消费者的数字化转型,一方面,可以使企业运用大数据跟踪分析消费行为,解开"消费者黑箱",预判"消费者画像",为企业研发设计、制造营销的数字化转型提供完全信息;另一方面,消费者通过各种数字化营销平台、数字化媒体和数字化社交平台,了解和掌握各种消费信息,扭转因信息不对称所处的不利地位,提升消费的主动性、影响力和话语权。

5. 各方合作是数字化转型的保障

数字化转型成功的关键点是实现连接和数据驱动,各方合作是实现连接和数据驱动的保障。从政府层面看,数字化转型的关键点是要加强政府各部门之间的合作,打通信息孤岛,实现数据流动;只有实现数字的自由流动,政府才可能实现数字服务、数字治理和数字决策。从产业层面看,产业数字化转型的关键点是要实现产业链上游、中游和下游的有效连接,只有产业链上、中、下游各方通力合作,才能打通产业链、供应链和价值链的堵点和痛点,提升产业链的稳定性和竞争力。从企业层面看,要想实现研发设计、生产制造、营销售后等各环节的有效连接和数据驱动,不仅需要内部各部门的全力合作,也需要企业的外部合作伙伴协同配合,如此才能建立起数字生态,实现数字化转型。

二、数字化转型模式

(一)数字化转型模式的概念

1. 模式的概念

模式是指主体行为或事务发展的一般方式,介于理论与实践的中间环节,具有一般性、重复性和稳定性等特征。从主体行为模式看,有主动式的行为模式,也有被动式的行为模式等;从事务发展模式看,有经济发展模式,也有产业发展模式等。

2. 数字化转型模式的概念

宏观上看,引起主体行为或事务发展一般方式转型的原因有两个方面:一是由科技进步引起的生产力飞跃式发展,进而推动主体行为或事务发展的一般方式的转型;二是由制度变迁引起的生产关系变革式调整,进而推动主体行为或事务发展的一般方式的转型。数字化转型模式是由数字技术发展而引进的主体行为或事务发展的一般方式的转型,由此我们可以将数字化转型模式定义为,是由数字技术发展所引进的主体行为或事务发展的一般方式的转型。

（二）数字化转型模式的分类

由数字技术发展引起的主体行为或事务发展的一般方式的转型模式,主要包括以下几种类型:

1. 整体式数字化转型模式和局部式数字化转型模式

按数字技术引起的主体行为或事务发展的一般方式转型的范围,分为整体式数字化转型和局部式数字化转型。

整体式数字化转型模式,是指用数字技术完全替代传统技术所引起的主体行为或事务发展一般方式的整体性转型,如政府治理的整体式数字化转型等。整体式数字化转型模式通常由拥有人、财、物等各方面优势的政府所采用。

局部式数字化转型模式,是指用数字技术部分替代传统技术所引起的主体行为或事务发展一般方式的局部性转型,如政府治理的局部式数字化转型等。局部式数字化转型模式往往由不具有人、财、物等各方面优势的政府所采用。

2. 激进式数字化转型模式和渐进式数字化转型模式

按数字技术引起的主体行为或事务发展的一般方式转型的速度,分为激进式数字化转型模式和渐进式数字化转型模式。

激进式数字化转型模式,是指用数字技术迅速替代传统技术所引起的主体行为或事务发展一般方式的质变性转型,如企业运营的激进式数字化转型。激进式数字化转型模式的特点表现为快速的、飞跃式的新旧技术之间的替代,这一模式适用于行业领袖型和领军型企业,这类企业有条件、有能力通过数字化打通产业链和供应链,建立数字生态。

渐进式数字化转型模式,是指用数字技术逐渐替代传统技术所引起的主体行为或事务发展一般方式的量变性转型,如企业运营的渐进式数字化转型。渐进式数字化转型模式的特点表现为平缓的、持续式的新旧技术之间的替代,这一模式适用于中小型企业,这类企业不具有行业优势地位和人才、资金、技术等方面的条件,其数字化转型基本遵循着由易到难的路径。

3. 主动式数字化转型模式和被动式数字化转型模式

按数字技术引起的主体行为或事务发展的一般方式转型的态度,分为主动式数字化转型模式和被动式数字化转型模式。

主动式数字化转型模式,是指积极用数字技术替代传统技术所引进的主体行为或事务发展一般方式的自愿式转型,如年轻消费者消费方式和消费行为的主动式数字化转型。

被动式数字化转型模式,是指被迫用数字技术替代传统技术所引起的主体行为或事务发展一般方式的勉强式转型,如中老年消费者消费方式和消费行为的被动式数字化转型。

4. 融合式数字化转型模式和创新式数字化转型模式

按数字技术引起的主体行为或事务发展的一般方式转型的作用,分为融合式数字化转型模式和创新式数字化转型模式。

融合式数字化转型模式,是指将数字技术应用于主体行为或事务发展所引起的一般发展方式的转变,如产业融合式数字化转型实现了产业发展的动能转变和效率提升等。

创新式数字化转型模式,是指将数字技术应用于主体行为或事务发展所引起的一般发展方式的转型,如产业创新式数字化转型实现了产业发展的新技术、新业态和新模式等。

三、数字化转型的路径

数字化转型路径是由转型模式决定的,数字化转型主体、领域不同,转型的模式也不同;数字化转型模式不同,转型路径也不同。在数字化转型理论部分,我们主要归纳和总结数字化转型的一般路径,有关政府、企业和消费者等主体及产业领域的转型路径由后续相应部分来总结提炼。

(一) 加强组织领导

成立数字化转型组织领导和推进机构,明确数字化转型为"一把手工程",强力推进数字化转型各项工作。一是加强数字化转型的顶层设计,编制数字化转型战略发展规划。二是制定数字化转型实施方案,明确数字化转型的机制、模式和路径。三是出台数字化转型政策措施,确保人、财、物等方面的持续投入。四是督促检查,确保数字化转型工作持续有效开展。

(二) 构建数据市场体系

健全完善的数据市场体系是实现数字化转型的必要条件。目前,我国数据市场建设还处在初期阶段，为此要切实加快数据市场建设。

1. 构建数据要素市场体系

健全的数据要素市场体系，是充分发挥数据要素功能和作用的前提条件。数据要素市场体系，主要包括数据资源市场（原始数据确权和定价的场所）、数据要素市场（数据要素交易的场所）、数据产品和服务市场（数据产品和服务的流通场所）。

2. 建立数据要素市场制度

数据要素市场制度是数据要素市场体系充分发挥作用的规制保障。数据要素市场制度，包括数据开放共享制度、数据确权和定价制度、数据质量标准制度、数据交易流通制度、数据跨境传输制度、数据安全保障制度等，同时将这些制度与数字领域国际规则和标准相对接，为数据的自由流动和国际合作提供制度保障。

（三）打造数字能力体系

数字能力体系是数字化转型的关键能力，数字能力体系包括数字技术服务能力和数字技术运用能力两个方面。

1. 提升数字技术服务能力

数字技术服务能力是指数字平台服务运用数字技术服务传统企业数字化转型的能力，数字技术服务能力决策和影响着数字化转型的成效。因此，要鼓励和支持数字平台持续加大对数字核心技术的投入力度，提升数字核心技术的自主和可控能力，持续增强技术服务能力，为数字化转型提供可行可靠的数字技术保障。

2. 打造数字技术运用能力

数字技术运用能力是指政府、企业和消费者等运用数字技术对自身所有能力进行改造、提升乃至重构所形成的新型能力，数字技术运用能力是实现数字化顺利转型的重要保障。因此,政府、企业和消费者等各数字化转型主体,要采取各种有效措施持续培育和打造运用数字技术进行数字化转型的能力和水平,以便顺利地推进数字化转型,培育形成数字治理、数字运营、数字消费等数字化能力。

(四) 引育高端数字化人才

数字化高端人才在数字化转型过程中发挥着决定性的作用。当前,我国数字化、复合型高端人才与数字化转型所需相比还十分缺乏。

1. 出台海外数字化高端人才引进激励政策

政府和企业要将数字化高端人才纳入各类人才引进计划,大力引进海外留学学成人员归国创业和各国人才来华兴业。

2. 建立高端数字化人才协同培养模式

鼓励和支持数字龙头企业与高等院校联合创办培训学院,建设集培训、评价、选拔、使用、激励于一体的高端数字化人才培育机制,大力培育数字化转型所急需的高端复合型数字化人才。

(五) 完善数字基础设施

数字基础设施是实现数字化转型的硬件保障。数字基础设施是指以数据创新为驱动、通信网络为基础、数据算力设施为核心的基础设施体系,其具有打破信息界限、产业界限、空间界限和促进供需互动、产业跃升的显著功能。要加快5G基站、工业互联网等通信网络设施建设,打通经济社会发展的信息大动脉;同时,要有效布局数据中心、云计算中心等数据算力基础设施建设,充分发挥数据作为新型生产要素和算力设施作为新型生产工具的巨大潜能。

（六）优化数字生态环境

良好的数字生态环境是数字化转型顺利实施的重要保障。数字生态主要包括数字理念、数字发展、数字治理、数字安全和数字合作等方面，我国的数字生态建设与当下热火朝天的数字化转型的需要还有距离。

1. 培育和形成数字化转型舆论环境

要加大数字理念宣传力度，让数字理念植入每一个人的心中，使数字化转型成为政府、企业和消费等市场主体的自觉行动。

2. 加快构建数字治理体系

数字治理体系包括数字政治治理、数字经济治理、数字法律治理、数字文化法理和数字社会治理等，要扶持加大数字治理体系建设力度，持续形成数字治理能力，为数字化转型提供优质的数字治理服务。

3. 加强国内外数字合作

加强国内和国际数字合作，打通数据流动的堵点痛点，畅通数字产业链和供应链的堵点、痛点，为实现数据数字要素的优化配置提供国际化的营商环境。

四、数字化转型的政策

政府政策在经济社会发展中始终起着重要的作用，政府政策对数字化转型的作用也是如此。

（一）制定数字化转型战略规划，引领数字化转型

2013 年，工信部发布《信息化和工业化深度融合专项行动计划（2013—2018 年）》，首次将促进互联网与工业的融合发展作为政策着力点。2015

年,国务院发布《中国制造 2025》,提出突破一批重点领域关键共性技术,促进制造业数字化网络化智能化,走创新驱动的发展道路。2017 年,国务院发布《关于深化"互联网+先进制造业"发展工业互联网的指导意见》,提出将工业互联网作为制造业数字化转型的路径和方法。2021 年,国资委印发《关于加快推进国有企业数字化转型工作的通知》,明确国有企业数字化转型的基础、方向、重点和举措,开启了国有企业数字化转型的新篇章。2022 年,国务院发布《"十四五"数字经济发展规划》,明确提出数据要素市场初步建立、产业数字化转型迈上新台阶、数字经济治理体系更加完善、数字化公共服务更加普惠均等的发展目标。这些战略规划的发布,有力地引领带动了数字化转型工作的开展。

(二)出台数字化转型扶持措施,激励数字化转型

中国扶持数字化转型的措施主要包括:一是提供多方资金支持数字化转型。以软件和集成电路产业为例,自 2000 年以来,财政税务等部门持续出台文件为该产业的发展提供税收优惠、专项资金、投融资和人才培训等方面的支持。二是推进新型基础设施建设。近年来,国家、省市等政府部门加大了 5G、物联网、工业互联网、车联网、人工智能和一体化大数据中心等的建设力度,为数字化转型提供了良好的硬件条件。三是制定数字转型规制。国家出台《数据安全法》《数字经济及其核心产业统计分类(2021)》等一系列法律措施等,持续优化了数字营商环境。

(本章执笔人:广东外语外贸大学国际
服务经济研究院　林吉双)

第二章　产业数字化转型理论与实践

　　近年来,全球的经济发展格局、国家经济基础以及产业格局都发生了重大演进,新兴市场经济体持续崛起,产业链、供应链加速重构。党的二十大报告中指出要加快建设现代化经济体系,着力提高全要素生产率,着力提升产业链供应链韧性和安全水平。可以说,随着经济高质量发展的战略目标不断升级,我国经济的发展需要新的生产要素做支撑,其中数据作为新型生产要素,对产业基础高级化、产业链现代化、高水平对外开放等高质量发展将起到巨大的推动作用。

　　数据与其他要素的深度融合后将有效提升土地、劳动、资本等传统要素的资源配置效率,帮助产业链、供应链各环节价值增值,而在技术创新、数据决策的驱动下也将重新定义价值分配逻辑和规则,从而有效提升产业层次水平,抬高微笑曲线,重塑实体经济的价值链条。这一过程实质上就是产业数字化的过程。

　　当数字化与产业结合后,实体产业将产生颠覆性的创新变革。一方面,产业数字化不再局限于人与人的连接,而是解决更广泛的连接问题,打通产业链各环节,使人与物、物与物之间产生密切和深层的联系,连接的广度和深度增强,形成基于全产业链条的数据流通闭环;另一方面,通过产业数字化的赋能作用,智能化的供需匹配将逐步显现,促使资源优化组合、配置效率提高、创新能力增强，推动产业结构向全球价值链中高端升级，从而实现价值的进化。

对此，本章就产业数字化转型的理论与实践进行深入研究。本章首先从概念背景、内涵、动因以及特征等方面分别介绍产业数字化转型的理论基础，而后对产业数字化转型的机制、模式、路径和效果进行分析，最后在对我国产业数字化转型的现状和问题分析的基础上，提出产业数字化发展的政策建议。

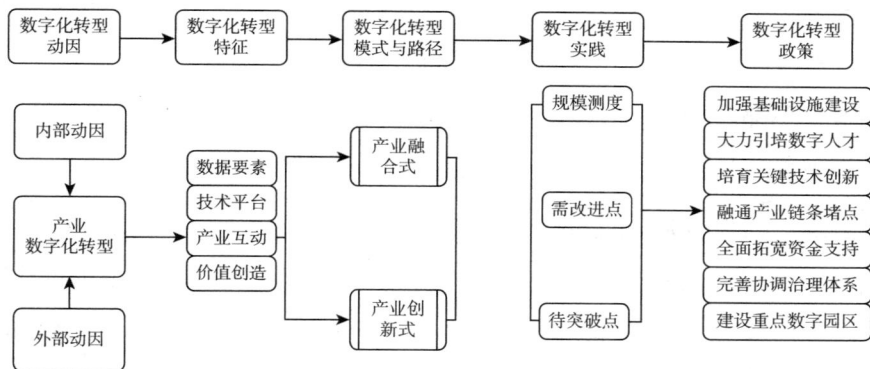

图 2-1　产业数字化转型理论与实践导图

资料来源：笔者自绘。

第一节　产业数字化转型理论基础

一、产业数字化转型概念背景

当今，伴随着诸如大数据、云计算、5G 等信息通信新技术的日益创新和深度突破，数字经济正进入发展加速期。随着数字经济渗透扩散到各领域，产业数字化转型已是改造提升产业传统动能、积聚发展新优势的重要途径,传统产业与数字化的加紧融合正成为时代的潮流。

全球大部分发达国家纷纷走向产业数字化发展之路。作为世界上首批积极谋求数字化转型的发达国家之一,美国政府在 1993 年即已明确提出"信息高速公路"计划,此后出台了《联邦大数据研发战略计划》《国家人工智能研究和发展战略计划》《为人工智能的未来做好准备》《美国机器智能国家战略》等,旨在形成一套促进传统产业转型的政策体系,为其数字化转型的领先地位奠定了坚实基础。德国以"工业 4.0"为先导,于 2016 年 3 月出台《数字化战略 2025》,全面落实"智能化联网战略",大力推进各部门、各行业的数字化发展。早在 2015 年,英国有关部门便制定"英国 2015—2018 年数字经济战略",积极调整和升级产业结构,着眼长远,引导鼓励数字化创新,努力建设成为数字化强国。其他有影响力的产业数字化转型战略布局和行动计划还包括:日本的《e-Japan 战略》、欧盟的《产业数字化新规划》、法国的《利用数字技术促进工业转型的方案》、澳大利亚的《国家数字化经济战略》等。在数字化的历史大潮中,世界各国积极跟进,抓紧布局,谋划未来。

我国各级政府也高度重视产业数字化转型。早在 2003 年,浙江就率先启动"数字浙江"战略,引领中国数字化转型的浪潮。2016 年 7 月,中共中央办公厅、国务院办公厅印发了《国家信息化发展战略纲要》,其中明确将"加快建设数字中国、大力发展信息经济"作为信息化工作的第一要务。《"十三五"国家信息化规划》将"数字中国"建设作为我国未来发展的关键方向。2021 年 3 月,国家颁布《中华人民共和国国民经济和社会发展第十四个五年规划和 2035 年远景目标纲要》,其中强调要推进产业数字化转型,实施"上云用数赋智"行动,推动数据赋能全产业链协同转型。2022 年 1 月 12 日,国务院发布《"十四五"数字经济发展规划》,也部署了大力推进产业数字化转型,加快企业数字化转型升级,全面深化重点产业数字化转型,推动产业园区和产业集群数字化转型,培育转型支撑服务生态的重点任务。产业数字化不仅仅是数字技术在产品生产和服务提供方面的多方位、多维度的运用,更重要的是利用数字化转型达到市场资源配置优化的效果,充分放大、叠加、倍增数字化对经济发展的驱动作用,促进我国经济进一步高质量发展。

二、产业数字化转型内涵

对于产业数字化的定义,不同国家和机构的理解不尽相同。

国家统计局的定义。2021 年 5 月,国家统计局颁布《数字经济及其核心产业统计分类》,将数字经济归为两部分:数字产业化和产业数字化,其中,"数字产业化"是手段,"产业数字化"是目的。产业数字化则是将数字信息技术等数字化资产注入企业实体经营,从而提高传统产业的产出水平与效益。相比于数字产业化,产业数字化将涉及更广泛的行业范围、更大的市场容量。未来,中国数字经济发展将以产业数字化为重点,并成为国民经济发展的动力引擎。

国外对产业数字化的定义。以德国为例,其对产业数字化的理解充分体现在"工业 4.0"上,该战略的核心在于为德国制造业打造数字化、网络化的智能制造模式,从而在国际产业竞争中保持领先优势。麦肯锡全球研究院在《数字时代的中国:打造具有全球竞争力的新经济》中认为数字化转型包括资产、运营、劳动力三个维度的数字化。互联网数据中心(IDC)将数字化转型定义为推动业务的增长和创新的一种途径和方法,利用大数据分析、物联网等数字技术实现商业模式创新和商业生态系统重构。

国内研究机构对产业数字化的定义。国家信息中心信息化和产业发展部与京东数字科技研究院合作的《中国产业数字化报告 2020》中指出,"产业数字化是指在新一代数字科技支撑和引领下,以数据为关键要素,以价值释放为核心,以数据赋能为主线,对产业链上下游的全要素数字化升级、转型和再造的过程"。中国信息通信研究院在《中国数字经济发展与就业白皮书(2019 年)》中认为,"产业数字化是传统一二三产业由于应用数字科技所带来的生产数量和生产效率提升,其新增产出构成数字经济的重要组成部分"。国务院发展研究中心认为,"数字化转型是指利用新一代信息技术,构建数据的采集、传输、存储、处理和反馈的闭环,打通不同层级与不同行业间的数据壁垒,提高行业整体的运行效率,构建全新的数字经济体系"。华为在《华为行业数字化转型方法论白皮书(2019)》中指出,"数字化转型是通过新一代数字科技的深入运用,构建一个全感知、全联接、场景、全智能的数字世界,进而优化再造物理世界的业务,对传统管理模式、业务模式、商业模式进行创新和重塑,实现业务成功"。

虽然不同主体定义产业数字化的侧重点各异,但大体内容基本相同。基于国内外各机构的定义和理解,本书对产业数字化的定义为:以解决产业现实问题为导向,以技术创新和运用为手段,构建数据采集、传输、存储、分析和响应的闭环,以数据流推动产业全方位、多角度的变革和创新,促进供给侧提质增效,打造产业融合新生态的过程。产业数字化通过将数字技术深入融合进研发、生产、销售、管理等诸多环节,推动企业乃至产业朝着数字化、网络化、智能化方向发展,促使传统产业实现质量变革、效率变革、动力变革,从而带来产量和全要素生产率的提升,具体包括数字化投入对农业、工业和服务业的贡献。

三、产业数字化转型动因

当今,处于一个数字技术和实体部门加速融合的数字化时代,数字化成为传统企业发展的必要趋势。由于行业、发展程度、信息化建设成效等的不同,每个企业开启数字化转型的动因不尽一致。总体来说,产业数字化转型的动力可概括为两类:内部动因和外部动因。

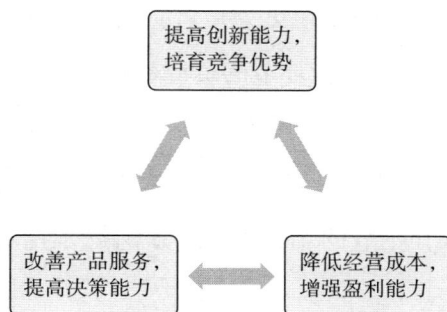

图 2-2　产业数字化转型的内部动因示意

资料来源:笔者自绘。

(一) 内部动因

部分传统产业的数字化转型的动力主要来自自身经营过程中面对的种种成本和收益的考量,这是产业数字化转型的内部动因。具体而言,产业数字化转型主要包括出于提升自身创新能力、降低自身经营成本以及改善自身产品和服务等方面的考虑。

1. 提高创新能力,培育竞争优势

企业要积聚竞争新优势、产业要转型升级,创新是根本、是关键。数字化转型促使产品供给速度大幅加快,企业面临加速产品创新迭代的挑战。企业若不积极寻求转型,将会失去客户、丢掉竞争力,而通过新技术来寻求市场机会,并采用新的商业模式增强与用户的连接,企业能够迅速地在新的细分市场抢占一席之地。对产业来说,企业不断提高自身的创新能力和水平,最终会使得整个行业在全球市场更具竞争力,进一步往全球价值链顶端迈进,对于产业结构的调整升级、产业自主创新能力的提升意义非凡。

2. 降低经营成本,增强盈利能力

数字化转型显著降低了各行各业的成本,企业的盈利能力大幅提高,尤其是物流、销售等行业的效果更为显著。数字化转型通过构建包含研发、采购、生产和销售等全运营环节的资源数据库,打通的数据赌点,实时监管业务运营的整体流程,为企业节省了大量不必要的管理成本。此外,市场渠道的不断拓宽也为产业带来更多的利润。数字化转型促进生产环节的柔性化以及营销环节的精准化,充分挖掘了潜在用户,增加了营业额。

3. 改善产品和服务,提升决策能力

作为产业数字化转型的微观主体,企业的内部管理层可充分、精准且有效收集供货商、企业员工和消费者的信息,内部决策信息资源充分共享,进一步实现决策方式的专业化、多元化。同时,运用数字新技术挖掘分析运营和服务过程中所产生的数据,促进产品和服务改进,进一步促进供需端连接,挖掘潜在消费,进一步提升了产业整体效率。

（二）外部动因

部分传统产业的数字化转型的动力主要受外部技术发展的影响,一方面,新的数字技术不断发展,将传统产业纳入融合创新改造的范围内,由此激发传统产业实现数字化转型;另一方面,周边其他企业的数字化成功转型的案例成为传统产业的数字化转型借鉴的范本,这就是产业数字化转型的外部动因。

1. 数字技术蓬勃发展将传统产业纳入覆盖领域

当前数字技术发展迅猛,其影响范围日益扩展,除与其密切相关的领域外,正渗透和蔓延进制造、金融、物流、服务等行业。"互联网+"茁壮成长不断推动万物互联,各行各业卷入数字化浪潮,逐步踏上了转型之路。

2. 数字经济激烈竞争使传统产业加速融合渗透

在数字技术日新月异、加速发展下,传统产业的改革与重塑成为新一轮产业竞争中成败的关键。数字技术在打通上下游产业链方面具有创新性、渗透性,其与传统产业链各环节的互动融合,将不断带动我国产业结构、产业层级、产业价值链位阶的变革升级。当今,全球数字化竞争已进入白热化阶段,许多发达国家早已把提升数字化能力、培育产业市场竞争力作为谋求国家发展的重要途径和战略。全球产业改革已是大势所趋,我国也深刻意识到让传统产业搭载先进科学技术进而迸发出产业增长新动能是提升综合国力的关键,并出台一系列政策法规促进传统产业与先进信息技术深度融合,重塑传统产业链、价值链结构。

3. 数字转型成效卓著,助传统产业突破当前发展瓶颈

随着数字经济规模的不断膨胀,经济社会各领域数字化加速发展,新市场涌现、旧价值链瓦解、利润转移成为许多行业的共有现象。当前涌现的大量碎片化、个性化的需求难以被之前规模化、固定化的供给满足,由此产生的供需矛盾亟待解决。在此背景下,不少传统企业受环境中数字转型成功企业的启迪,充分利用大数据等新一代信息技术分解并重构产业价值链,搭建快速感知并响应外部市场环境动态变化的系统,顺利解决了供需矛盾,从而突破了企业发展瓶颈,并由此成为其他企业效仿的对象。

需要指出的是,一般的产业数字化转型同时会受到内部因素和外部

因素的共同作用。一方面,企业受到内部经营的压力,出于提升创新能力、降低经营成本以及改善产品和服务等方面的需要,通过对生产管理等流程的数字化改造而推动转型;另一方面,随着数字经济时代的到来,不少传统产业受到环境中数字技术采用乃至数字化转型氛围的影响,也尝试将自身的生产经营活动纳入数字化转型的轨道上来。

四、产业数字化转型特征

当今,随着数字技术不断加速迭代,产业创新与融合应用不断加强,革命性的技术突破已日趋广泛,经济与产业数字化转型已成不可抵挡之势席卷而来。在国家政策、数据要素、龙头企业、科技平台以及新冠疫情等多重因素的共同作用下,中国各行业的数字化转型发展取得初步成效,整体发展进程明显加快。总体来说,我国产业数字化呈现如下特征:

(一) 数据要素成为产业数字化的供血动脉

产业数字化转型具有显著的数据集成特点,数据资源是产业数字化转型的主要供血动脉。进入数字时代,数据作为信息的载体,成为劳动、资本、土地、知识、技术、管理等传统生产要素后的另一新兴生产要素,并被写入党的十九届四中全会文件。在产业数字化转型中,作为核心生产要素,数据为制定商业决策、优化业务流程以及创新商业模式提供基础保证。一方面,数据承载着信息和知识,能够有序地、高效地引领并驱动物质、资金、技术等传统生产要素向价值创造方向流动,实现各要素资源配置优化,资源要素开发、整合、利用更为集约和高效,形成生产组织方式集约、发展模式转变和产业生态创新的局面。另一方面,在产业数字化转型发展中,正是基于数据这一关键资源和重要资产,协同网络化、生产智能化、定制个性化等新业态不断涌现,促进以数字与实体渗透融合、物质与信息联合驱动为特征的商业模式创新,促使数据要素有效转化为价值创造,源源不断为产品创新增值和企业价值增值提供动力。

（二）数字技术平台成为产业数字化的重要媒介

产业数字化转型具有显著的平台赋能特点,数字技术平台是产业数字化转型和落地的主要实现方式。依托互联网优势企业所打造的科技平台,产业要素资源实现有效连接,企业数字合力加速提升,产业链协作更为高效有序,产业内部数字化不断升级优化,从而助力整个社会产业数字化发展。尤其是"智能+"以及"互联网+"模式下的平台,汇聚共享了设计、生产、物流等各个环节的资源,为大量数字化转型主体连接全要素、全产业链价值链提供平台和技术支撑。通过这些平台,一些中小企业不仅可以突破空间和时间对生产的限制,实现自身快速发展,还可以进一步提升生产运营的效率和质量,加速产品更新迭代,转变商业运作模式,从而高效推动产业链上下游高度协同,不断拓展行业价值空间,构建开放共赢的产业新生态。

（三）全产业链互动成为产业数字化的必要环节

随着信息网络技术发展及广泛应用,传统单一产业链开始演变为复杂的产业生态网络,产业数字化转型呈现出由消费环节创新向全产业链互动创新转变的趋势。在数字技术的助力下,不同产业链的跨界融合与渗透不断加速,产业边界逐渐消融,不断推动产业升级和产业结构调整,社会全要素生产率被大幅提高。当前数字经济迅速发展,数字技术产业、数字创意产业等新兴产业成为支撑和拉动中国经济的战略性、主导性产业,其与各产业间关联愈加紧密,协同合作不断加强,通过产业之间的功能互补、相互组合,实现产品和服务创新以及新价值创造,不断扩展产业发展格局。

(四)强化价值创造成为产业数字化的必然趋势

在数字化转型不断推进的背景下,传统产业会更聚焦自身产品核心价值,通过进一步强化产业或服务的价值创造和提升,实现自身的高质量可持续发展。相比传统经济形态,数字经济形态下的传统产业更加关注以消费者需求为中心的价值创造,尤其是以碎片化消费及新商业模式兴起为主的消费升级不断倒逼产业结构调整。传统产业的服务和价值创造要求企业深刻洞察产业链态势,积极利用互联网技术进行创新突破,着眼于自身产品的改造升级,通过应用场景落地逐步减轻用户侧负担,在提升自身核心竞争力的基础上更好服务于消费者,打造价值创造的重要引擎,从而为产业的发展释放新动能。

第二节 产业数字化转型机制、
模式、路径与效果

一、产业数字化转型机制

当前世界,全球经济社会各领域的数字化转型浪潮正以不可抵挡之势席卷而来。总体来看,产业数字化转型是受到政府推动、平台赋能、合作共享以及法律规制等四方面共同作用的。

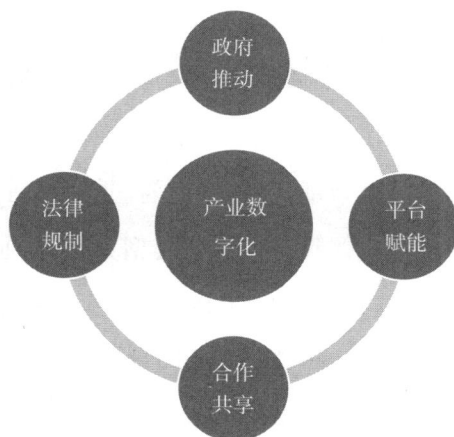

图 2-3　产业数字化动力机制示意

资料来源:笔者自绘。

（一）政府推动是产业数字化转型的关键支撑

我国政府在推动传统产业数字化方面不遗余力,有力促进了产业数字化转型。

1. 国家层面制定我国产业数字化转型战略

国务院大力促进我国数字经济发展,"互联网+"行动、大数据战略等相关战略措施相继发布并落地实施。各部委全面落实党和国家对于数字化转型的战略布局,为地方产业发展提供良好政策环境。国家发改委也大力推动数字化转型,通过推出数字化转型伙伴行动、打造数字化转型示范工程等,以解决能力两难不会转、资金两难没钱转、效益两难不敢转问题。在《"十四五"数字经济发展规划》中,国务院将产业数字化转型列为重点目标,并明确提出一系列要求。在《"十四五"智能制造发展规划》中,确切提出"到 2025 年,70%的规模以上制造业企业基本实现数字化网络化,建成 500 个以上引领行业发展的智能制造示范工厂"的目标,并围绕供给能力和基础支撑作出明确部署。

2. 各地政府贯彻落实我国产业数字化转型战略部署

对于国家有关数字经济发展的战略安排,各地积极贯彻落实,为抢抓数字经济新机遇、布局数字经济先手棋,地方政府争相出台有关数字经济发展的行动计划、实施方案。浙江省、河北省、重庆市等 6 个地区①,以创建试验区为抓手,以加速实体经济数字化转型为目标,通过形成有效规范和管理数据安全流通和应用的制度体系,为构建更为符合数字生产力的生产关系探索新路子。特别地,浙江省以"数字化改革"为主线,研究出台了一系列政策文件,推动全省范围内的深化改革和革故鼎新,全面引领数字经济新产品、新模式、新业态。

(二) 平台赋能是产业数字化转型的重要动力

数字平台通过打通设计、生产、销售、流通等各环节,有效优化了传统产业运营管理机制,实现企业生产经营专业数据及相关信息资料的共享应用,提升了产业的发展能力。

龙头企业尤其是信息与通信技术领军企业及信息网络技术开拓企业形成数字平台,推动产业数字化转型的作用至关重要。这些企业会对数字化企业进行持续关注与研究,分析不同行业产品和生产的运营特点以及方式,通过搭建统一的数字平台的方式,推动行业借力数字平台实现超越式发展。

1. 工业互联网平台赋能产业数字化转型

作为生产环节中较为典型的数字平台,工业互联网是推动工业朝着数智化方向发展的核心基石。工业互联网通过构建起人、物质、信息全面

---

① 国家发改委联合中央网信办,在第六届世界互联网大会期间组织召开国家数字经济创新发展试验区启动会,正式启动浙江省、河北省(雄安新区)、福建省、广东省、重庆市、四川省等 6 个"国家数字经济创新发展试验区"建设工作。

连接的制造模式,使得制造和服务系统涵盖产业链各个环节,是新型信息通信科技发展与产业运营管理深度融合的新型基础设施、应用模式与产业生态。通过推动工业信息网络平台在重要产业中的推广应用,可带动先进工业和信息网络创新与融合发展,通过促进工业信息生产网络关键资源的共享,可为中小企业的业务发展提供巨大的效益提升。由于工业互联网平台可以为中小企业的产品设计和生产管理提供基础,中小企业数字化门槛大大降低。而工业互联网平台上的集成供应商、众包、众筹、产业电子商务等服务模块,可以推动中小企业产品开发、生产、销售等业务流程的供需衔接,从而实现了产业链上各节点的良性交互,进而带动了工业企业跨界融合发展。

2. 电商销售平台赋能产业数字化转型

电商网络销售平台在推动产业销售数字化方面起到了巨大的作用。以农村电商为例,传统的农村交易模式下农民、批发商、零售商以及最终消费者之间所形成的交易环节较为复杂,从而造成交易效率较低而费用较高。而电商平台则通过将农村产品数字化,实现农民在线销售自己的农产品,并通过快递网络将农村产品与全国乃至全世界每个角落的消费者紧密联系在一个统一的系统里,大幅简化了农产品的流通渠道并降低了农产品的终端价格,从而带来农产品消费的提升。

（三）合作共享是产业数字化转型的发展导向

1. 国内合作共享推动产业数字化转型

通过构建包含政府机构、行业协会、各类企业、研发中心、各级学校的海量数据库,促进数据资源开发、利用和共享,由此,政府治理方面、产业研发方面、企业竞争方面以及公共提供服务方面的能力大大提升,全方位、多主体助力产业数字化转型;通过拟订和落实数据采集、流通、保密等各环节的规范标准,形成一套高效的数据标准体系,促使产业数字化转型标准化发展,各主体数据开放进程不断加速,数据应用领域不断拓宽,反过来又加速推动产业数字化转型发展。

2. 国际合作共享推动产业数字化转型

通过积极参与国际社会产业数字化合作治理机制的建立,形成一套行之有效的国际产业链合作与治理体系,进一步提升我国在全球产业体系中的影响力;通过不断深化数字企业全球化合作与战略,借助数据共享,提升产业在世界范围内的资源配置能力。

(四) 法律规制是产业数字化转型的制度保障

1. 完善法律制度建设,保障产业数字化转型

我国对产业数字化转型的推动手段日益完善。一系列扶持企业数字化转型的政策法规、管理规范纷纷落地,在融资渠道拓宽、服务环节延伸、产业创新等方面提供了有力支持。此外,各部门以薄弱环节为突破点,为产业数字化转型提供税收优惠、财政金融等,通过加强金融合作,打造金融生态体系对转型主体进行引导并扶持,从而全方位提高传统产业数字化水平。

2. 营造良好市场环境,保障产业数字化转型

为产业数字化转型营造良好的市场环境,发挥有效市场和有为政府在产业数字化转型资源配置中的作用,进一步发挥市场的主导作用,从行政和区域两方面着手,打破阻碍数字化转型的藩篱,扫除限制要素流通的制度障碍,为产业进行数字化变革提供坚实保障。

3. 搭建合作治理平台,保障产业数字化转型

政府通过搭建产业合作治理平台,为产业链、价值链主体良性互动、共谋发展提供重要渠道。依托跨界融合平台,各主体能够就数字化转型中

面临挑战、数据治理以及信息安全等方面进行分享交流,形成技术标准、技术规则等制度体系,为产业数字化转型中的共性问题提供解决途径。

二、产业数字化转型模式

按数字技术引起的主体行为或事务发展的一般方式转型的作用,分为产业融合式数字化转型模式和产业创新式数字化转型模式。产业融合式数字化转型模式,是指将数字技术应用于主体行为或事务发展所引起的一般发展方式的转变;产业融合式数字化转型实现了产业发展的动能转变和效率提升等。产业创新式数字化转型模式,是指将数字技术应用于主体行为或事务发展所引起的一般发展方式的转型;产业创新式数字化转型实现了产业发展的新技术、新业态和新模式等。

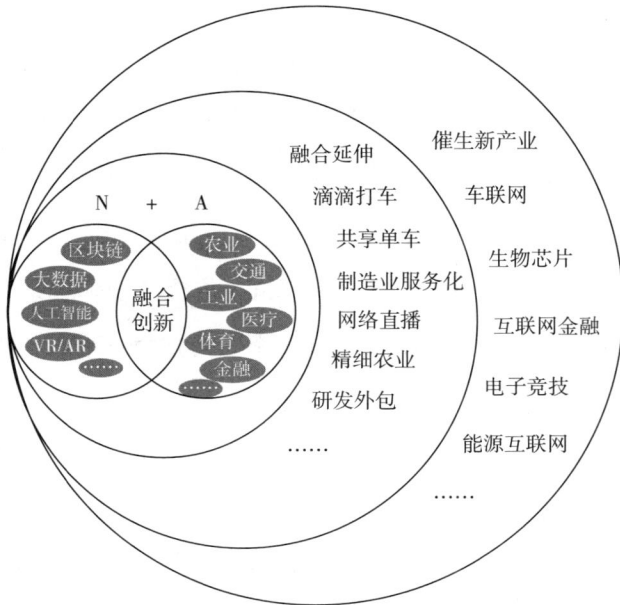

图 2-4　产业数字化转型演进

资料来源:笔者自绘。

（一）产业融合式数字化转型模式

1. 产业融合式数字化转型模式

产业融合式数字化转型模式指的是将数字技术应用于产业发展所引起的一般发展方式的转变，通过融合应用数字技术实现了产业发展的动能转变和效率提升等。

产业融合式数字化转型模式有利于处于传统产业的企业在生产、销售、运营等一般日常活动中通过对信息和数字技术的融合发展改造企业的运作流程或方式，从而降低企业运营成本。

2. 产业融合式数字化转型模式的主要特点

产业融合式数字化转型模式适用范围广泛。产业融合式数字化转型模式往往是传统企业推进数字化进程中最基础也是最常用的运作模式，无论是制造业、服务业，还是农业，传统企业通过对自身生产流程引入数字化的过程都能推动实现产业融合式数字化转型。

产业融合式数字化转型主要聚焦数字替代。产业融合式数字化转型模式特别强调对企业生产运营模式的信息化和数字化替代，强调信息和数字技术在传统行业流程中的应用性：通过应用计算机、互联网、5G 等信息数字技术，打造"互联网+传统产业""5G+传统产业"等模式，将原有运营流程中的部分或全部的传统环节进行全面改造，推动其往网络化、电子化、智能化等方向发展。

产业融合式数字化转型的主要目的在于提升经营效率。产业融合式数字化转型模式对企业带来的最直接的好处就是降低了企业的经营成本，通过引入智能生产、计算机、互联网等技术，企业一方面减少了生产过程中所需要的人工成本，另一方面通过推动线上销售平台，降低了广告推广、销售等环节成本。

3. 产业融合式数字化转型模式的典型案例

当前,我国产业融合式数字化转型模式较为普遍。以农业为例,国内传统农业产销主要分为两块,一方面,农民自主进行农产品生产,另一方面,由于自己销售农产品成本太高,往往由采购商统一收购后再完成最终销售。对农民而言,由于市场竞争的存在,自身对销售渠道的掌控力非常弱,这导致产品的最终利润大部分被采购商占有,最终也损害了消费者的利益。在数字经济时代,不少农民通过采用网络技术,在网上平台直接销售自己所生产的产品,接触网络平台实现了农产品供需信息的准确对接,这不仅大大降低了产品销售的成本,也为农民和消费者带来了切切实实的收益。

(二) 产业创新式数字化转型模式

随着数字经济发展进入跨界融合、智能引领乃至系统创新的新时代,不少传统行业在推进产业数字化过程中采用的是产业创新式转型模式,利用数字技术,催生新模式、新业态、新产业,打造发展新动能。

1. 产业创新式数字化转型模式

产业创新式转型模式是指将数字技术运用于产业发展所引起的一般发展方式的转型,如产业创新式数字化转型催生了产业发展的新技术、新业态和新模式等。

2. 产业创新式数字化转型模式的主要特点

产业创新式数字化转型主要由创新企业主动发起。部分创新型企业主动拥抱转型,积极推进发展模式创新,强化自身发展质量,由此形成了产业创新式数字化转型。数字化变革直接推动信息技术开放化、结构形式去中心化,技术扩散障碍开始明显减少,技术开发成本持续明显下降,技术开发效率大大提高,从而产生颠覆性、革命性技术创新,出现大规模群体性、链条式、跨行业技术创新产出。部分具有创新基因的企业在此时代背景下更积极地推进创新,采用更新的数字技术推动企业的深度改革与重组。

产业创新式数字化转型特别强调跃迁式创新。在产业创新式转型模式中,通过新一代网络信息技术对现代农业、先进制造业、新兴服务业等领域的深入运用,基础性、前沿性、颠覆性的技术创新在传统产业领域得到广泛普及。5G 发展不断提速,大数据、人工智能、云计算等新型信息技术和传统产业融合愈加深入,数字经济不仅成为传统产业生产中数据新生产要素的作用,从而为产业的发展带来翻天覆地的变化。

产业创新式数字化转型的主要目的在于打造新模式新业态。在数字化转型快速推进中,数字化新产品、新应用和新服务层出不穷,要求消费者具有更强的数字化资源获取、利用等方面的能力。大量新生数字化产品和服务不断加速更新完善,逐渐推动消费者数字化应用水平和知识素养的提高,数字化价值得到充分释放,数字化便利得到广泛普及,数字消费群体不断壮大,数字消费市场发展迅速,商业新模式和新业态不断涌现。

3. 产业创新式数字化转型模式的典型案例

产业创新式转型模式较为典型的有各产业所采用的智能生产。在制造业乃至农业的相关企业转型发展中,不少企业通过大力引入和推广智能制造,改进和调整自身传统制造模式推动数字化转型发展,形成了以生产智能化为导向的数字化转型模式。在推动智能化生产过程中,数字化转型企业致力于发现和了解原有生产制造和运营管理存在的缺陷和问题,通过智能化制造新模式,打造柔性化生产、高服务水平、协同运营新优势,从而实现自身发展效益的提升。

三、产业数字化转型路径

传统产业的数字化转型归根到底是企业层面的数字化转型,其中最为关键的就是变革企业组织结构。为促进企业的转型升级,逐步实现产业层面的数字化,当务之急是要转变企业数字化的建设和管理方式。以一套全新的、科学的企业架构理论体系为指导,从全局规划和设计数字化转型,不断驱动管理效率提升,使得企业数字化朝着科学、可持续的方向发展。随着数字新技术的发展引入,不同行业、不同阶段、不同规模、不同技术领域的企业进行数字化转型一般有以下两种路径。

(一) 产业融合式数字化转型路径

1. 生产深度联结推动融合发展

人工智能、数字交通等作为信息通信技术的代表,一起构成了产业数字化转型的基点,成为产业数字化时代的"铁公基"。比如5G的发明对于产业数字化发展而言就是新突破和新成效。5G与云计算、人工智能和物联网等新兴技术的同时联结正是基于其高数据速率、广连接和全覆盖等显著优势,能够充分发挥数据作为生产要素的作用,变革和重构传统业态和模式。作为数字化转型的关键利器,5G技术正加速推动传统产业向数智化方向融合发展,为传统产业数字化转型搭造云梯。

2. 数据深度融通推动融合发展

庞大数据资源的集聚不只是一类海量数据收集和存储技术,更成为数字经济的关键生产要素以及培育数据要素市场的关键力量,推动传统产业积极采用各种大数据技术,实现融合式的数字化转型。一方面,作为数字化发展的核心生产要素,数据资源通过聚集传统生产要素,充分发挥要素间的协同效应,为农业、物流、金融、制造等传统领域提供新的解决方案,催生数字农业、智慧物流、数字金融、智能制造等新业态。另一方面,凭借强大的数据技术挖掘功能,一些重要价值的信息资源可被充分挖掘,为经济社会发展的各领域、各行业进行科学化决策提供依据,进一步提升整个经济社会的集约化程度。此外,在大数据产业的推动下,原始要素资源沉淀转化为要素价值创造,数据流转融通成为要素市场形成的关键。大数据融合应用走向多维度、深层次,通过高效开发、利用数据资源,传统产业生产效率大幅提升,传统生产方式和经济运行模式不断变革,为制造业、服务业以及公共服务业等行业的数字化进程插上了"数字翅膀"。

3. 数字平台建设推动融合发展

当前各类数字平台不断涌现,越来越多的数字化企业利用数字技术收集客户反馈,分析客户的产品需求,了解客户的偏好,在产品研发、生产、运营等环节有针对性地作出调整,通过感知并及时响应客户动态需求,进一步提升了企业与客户持续交互的能力。对于新产品的推出,可以尝试先通过线上测试,再基于测试结果得到的客户反馈决定是否大规模生产来推广新产品,即大批量订购和单工厂生产的固定运营模式向小批量、分布式配合的多品种灵活经营模式的转变。此外,企业在应用"互联网+"以及"数字+"的线上方法来拓宽客户源和扩展销售渠道的过程中,促进了采购、生产和消费等重点环节全面实现数字化,也就是实现产品生产供给端数字化改革的结构性调整。

4. 管理数字化升级推动融合发展

随着数字技术不断融入管理环节中,实现了管理环节的数字化升级。随着管理数字化升级不断加强,传统企业软环境不断优化,企业组织架构不断调整,数字文化不断渗透,员工和管理者工作思维更加开阔,企业管理体系不断完善、企业文化更加包容。信息数字化通过打造包含各利益相关方的创新生态系统,推动传统企业价值链模块化发展。

5.“数字生态共同体”推动融合发展

“数字生态共同体”是基于数字技术平台,由制造企业、AI 创业企业、社会研究院等主体组成的完整数字生态体系。在整个数字生态体系中,AI 创业公司为制造业全产业链创新、合作、研发等维度提供开源技术。这不仅有助于提升数字技术与数字经济相互协同的灵敏度,更有助于企业顺应数字经济快速迭代创新的技术趋势。

(二) 产业创新式数字化转型路径

1. 数字基础推动关键领域获得创新突破

以战略前沿和制高点领域为抓手,着力提升工业母机发展水平。超高速 5G 技术将开辟我国制造业全球供应链服务新的空间。深化重点领域应用牵引,互联网、物联网技术提高了我国制造业全球供应链交付服务的效率,进一步强化内外部集成网状供应链节点企业的整体价值、协同整合能力与安全弹性。以重大发展需求和重大技术突破为目标,加快补齐重点领域短板弱项。引导重大短板资源聚焦发力,互联网、物联网技术形成了我国供应链内外部集成网状庞大的组织体系,众多虚拟产业集群散布于各供应链节点,成为“精准增强”我国制造业全球供应链和数字化转型的关键力量。

2. 数字技术推动传统企业探索新模式

数字技术的不断创新迭代,促使各组织寻求高利润、高附加值环节,这也成为发展产业链数字化的新方向。结合数字技术更新方向,传统企业能够紧跟产业发展趋势,抓住行业发展契机。自动化流程、数字化供应链等数字技术推动企业运营的各环节软件化、在线化,实现信息孤岛到数据驱动、业务无缝衔接的转变。依托信息基础设施和设备之间的联网,部门之间、业务之间的信息可自由流动,有利于形成创新知识共享体系,提高运营效率,助力传统企业探索新模式。

3. 数据汇集推动传统行业催生新业态

真实世界数字化形成并汇聚了海量信息数据,通过对消费互联网和工业互联网等平台产生的消费者、生产者数据进行虚拟化数字化处理,推动生产设备和业务流程数字化,涌现大量新业态、新模式、新增长点。此外,数字化开放式协同创新平台通过信息和技术的共享与互补,使得企业的创新生态系统主体不断多元化。消费者的个性化需求越来越成为创意的重要来源,使数据驱动下的产业链协同创新、用户深度共创成为技术创新的新态势。借助大数据技术,企业能够实现技术整合创新和跨界融合创新,探索并快速响应市场新需求,尤其是数字仿真、虚拟现实等技术通过数据运算完成技术创新全过程,从而摆脱对实物实验的依赖与局限,实现企业技术创新数字化。

四、产业数字化转型效果

为评估产业数字化转型的效果,需要在及时、动态地掌握产业数字化相关指标的基础上,以实效性、可操作性为前提,提供客观、科学的评价体系。对此,本书认为,可以从产业数字化转型基础、产业数字化转型能力和产业数字化转型的效果等三个角度对产业数字化转型进行评估。

具体而言,产业数字化转型基础包括产业的信息通信技术投入规模、产业的信息、计算机及软件服务采购金额、产业数字化相关劳动人数等指标;产业数字化转型能力指标包括产业劳动生产率、产业经营成本变动、产业产品和服务的销售半径、产业产品和服务的覆盖范围;产业数字化转型的效果指标主要包括产业数字化转型对 GDP 增长的贡献率、产业数字

化规模、产业数字化结构、产业融合程度等。具体的指标体系如表 2—1
所示。

表 2—1　产业数字化转型效果评价指标体系

一级指标	二级指标
产业数字化转型基础	产业的信息通信技术投入规模
	产业的信息、计算机及软件服务采购金额
	产业数字化相关劳动人数等
产业数字化转型能力	产业劳动生产率
	产业经营成本变动
	产业产品和服务的销售半径
	产业产品和服务的覆盖范围
产业数字化转型收益	产业数字化转型对 GDP 增长的贡献率
	产业数字化规模
	产业数字化结构
	产业融合程度

第三节　产业数字化转型发展基本情况分析

一、产业数字化转型发展现状

（一）中国产业数字化转型发展总体情况

1. 产业数字化转型规模和比重持续提高

当前传统产业在新一代信息技术的加持下实现稳步发展,为产业数
字化转型升级打下了坚实的基础,产业数字化转型不断加快。中国信通
院的数据显示,2021 年中国产业数字化规模总计 37.2 万亿元(见图

2-5），占 GDP 比重为 32.5%，占数字经济比重达到 81.7%。

（单位：万亿元）

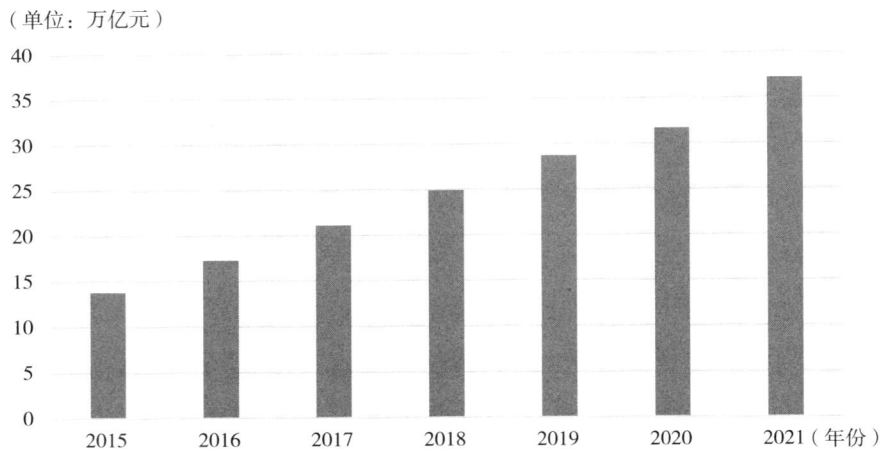

图 2-5　2015—2021 年中国产业数字化规模

资料来源：中国信息通信研究院，《中国数字经济发展白皮书（2022 年）》。

2. 工业互联网成为驱动产业数字化转型的新渠道

工业互联网是新一代信息通信技术在工业生产中的创新型应用模式，是促进产业数字化转型的利器。当前，我国工业互联网建设效果显著。"十四五"规划强调要推进工业互联网建设，推广工业软件在实际生产中的运用，打造形成工业互联网平台，使之具备一定的国际影响力。①

3. 中央部委的产业数字化顶层设计持续升级

为加快产业数字化转型，推动数字技术和实体经济深度融合，中央出台了一系列政策。2020 年 4 月，国家发改委、中央网信办印发《关于推进"上云用数赋智"行动　培育新经济发展实施方案》，强调要推动跨界融合的数字化生态建设，鼓励"上云用数赋智"，使数字化转型技术基础更

---

① 中华人民共和国国务院：《中华人民共和国国民经济和社会发展第十四个五年规划和 2035 年远景目标纲要》，新华社，见 http://www.gov.cn/xinwen/2021-03/13/content_5592681.htm，2021 年 3 月 13 日。

加坚实,以促进产业数字化转型。① "十四五"规划提出要促进产业数字化转型,鼓励企业"上云用数赋智",促进数字技术助力全产业链转型升级。② 2022 年 1 月,在"十四五"规划的指导下,国务院印发《"十四五"数字经济发展规划》,强调要推动产业数字化转型。一要加速企业数字化转型进程。引导企业培养数字化思维,提高员工数字技能,全方位促进企业在研发设计、生产经营等业务数字化转型;二要大力推进重点产业数字化转型。根据不同产业的特点,全方位推进传统产业数字化转型,提升全要素生产率。③

4. 地方政府对产业数字化的政策支持不断加强

各地方政府也都强调推进产业数字化转型,出台了一系列政策文件。2021 年 4 月,各省市接连发布"十四五"规划。广东省在《广东省国民经济和社会发展第十四个五年规划和 2035 年远景目标纲要》提出要加速推动产业数字化转型,通过对新一代信息技术的使用,全面赋能制造业、建筑业、农业、服务业,大力提升全要素生产率。④ 浙江省在《浙江省国民经济和社会发展第十四个五年规划和 2035 年远景目标纲要》提出要积极推动产业数字化转型。推动数字技术深度赋能实体经济发展,推进"数字

---

① 国家发展改革委、中央网信办:《关于推进"上云用数赋智"行动培育新经济发展实施方案》,见 http://www.gov.cn/zhengce/zhengceku/2020-04/10/content_5501163.htm,2020 年 4 月 7 日。

② 中华人民共和国国务院:《中华人民共和国国民经济和社会发展第十四个五年规划和 2035 年远景目标纲要》,新华社,见 http://www.gov.cn/xinwen/2021-03/13/content_5592681.htm,2021 年 3 月 13 日。

③ 中华人民共和国国务院:《国务院关于印发"十四五"数字经济发展规划的通知》,中国政府网,见 http://www.gov.cn/zhengce/content/2022-01/12/content_5667817.htm,2021 年 12 月 12 日。

④ 广东省人民政府:《广东省国民经济和社会发展第十四个五年规划和 2035 年远景目标纲要》,见 http://www.gd.gov.cn/zwgk/wjk/qbwj/yf/content/post_3268751.html,2021 年 4 月 25 日。

赋能 626"工程,加速推动三大产业数字化转型。① 上海市在《上海市国民经济和社会发展第十四个五年规划和 2035 年远景目标纲要》提出要推进产业数字化转型进程,使各类产业、园区、小镇的数字服务功能更加趋于多样,鼓励企业"上云用数赋智"。各地印发的文件也都高度重视促进产业数字化转型。② 2021 年 8 月,江苏省发布《江苏省"十四五"数字经济发展规划》,提出要大力推动产业数字化深层次发展。鼓励"上云用数赋智",以制造业为核心,推动数字化的创新应用场景构建,加速三大产业数字化转型进程,打造新业态新模式,形成实体经济发展新动能,持续提高江苏在全球供应链、价值链、产业链中的地位。③ 2021 年 8 月,天津市发布《天津市加快数字化发展三年行动方案(2021—2023 年)》,提出要坚持数字赋能产业发展,以制造业为重点,增强智能科技产业引领力,推进大数据与传统产业耦合、衍生,把产业优势培育成"参天大树"。2022 年 2 月,贵州省发布《贵州省大数据战略行动 2022 年工作要点》,强调要优化产业数字化布局,大数据赋能"四化"进程,实施"万企融合"大赋能工程。

(二) 中国农业数字化转型发展现状

1. 农业数字化规模不断扩大

在新一代信息技术赋能下,农业经济蓬勃发展,农业数字化转型为农

---

① 浙江省人民政府:《浙江省国民经济和社会发展第十四个五年规划和 2035 年远景目标纲要》,见 https://www.zj.gov.cn/art/2021/2/5/art_1229463129_59083059.html,2021 年 2 月 5 日。

② 上海市人民政府:《上海市国民经济和社会发展第十四个五年规划和 2035 年远景目标纲要》,见 https://www.shanghai.gov.cn/nw12344/20211027/6517c7fd7b804553a37c1165-f0ff6ee4.html,2021 年 1 月 27 日。

③ 江苏省人民政府办公厅:《省政府办公厅关于印发江苏省"十四五"数字经济发展规划的通知》,见 http://www.jiangsu.gov.cn/art/2021/8/26/art_46144_9989328.html,2021 年 8 月 10 日。

业农村经济发展提供了新模式、新路径,助力乡村振兴。2018 年,我国农业数字化规模达到 4204.22 亿元,同比增长 6.66%,2022 年我国农业数字化规模达到 5879.80 亿元①,如图 2-6 所示。

（单位：亿元）

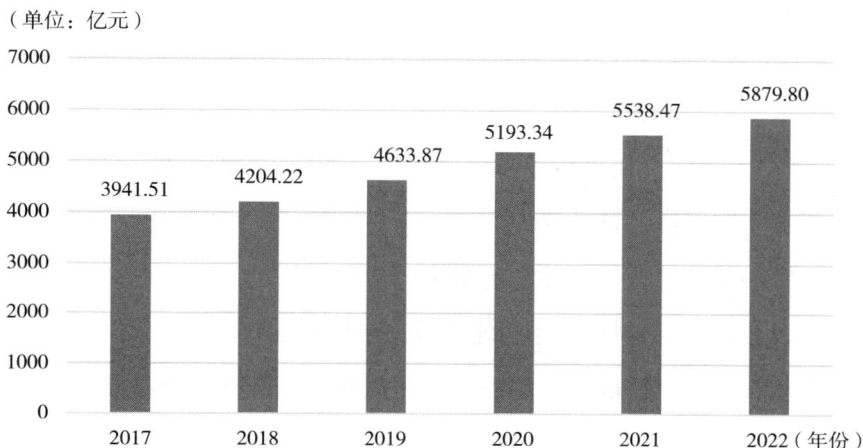

图 2-6　农业数字化规模

资料来源:根据本研究计算得出。

2. 农业数字化转型政策措施持续出台

为深化数字技术在农业经济中的应用,中央出台了一系列政策文件。2019 年 2 月《国家质量兴农战略规划(2018—2022 年)》强调要推进数字农业工程建设和实施"互联网+"现代农业计划,鼓励运用数字技术赋能农业生产,通过对物联网、大数据和农业遥感的现实运用,使农业精准化程度进一步提升。② 2019 年 5 月,中共中央办公厅、国务院办公厅发布《数字乡村发展战略纲要》,提出要大力推动农业数字化转型。加速推进新一代信息技术在农业生产中的应用,促进大数据、人工智能、互联网等

①　通过历年的全国投入产出表计算得到数据,测算方法见附录。

②　中华人民共和国农业农村部:《关于印发《国家质量兴农战略规划(2018—2022)》的通知》,见 http://www.moa.gov.cn/nybgb/2019/201902/201905/t20190517_6309469.htm,2019 年 2 月 11 日。

数字技术和农、林、渔、牧业全方位融合应用,打造品牌农业、科技农业和智慧农业①。2021 年 1 月,国务院发布《中共中央　国务院关于全面推进乡村振兴加快农业农村现代化的意见》,强调要推进农业农村大数据体系技术建设、推动新一代数字技术深度赋能农业生产,加强智慧农业建设。② 农业农村部发布了《关于落实好党中央、国务院 2021 年农业农村重点工作部署的实施意见》,强调促进智慧农业发展,扩大物联网、人工智能、区块链等信息技术集成应用,推动一批国家数字农业农村创新中心和数字农业应用推广基地建设。③ 2021 年 5 月,财政部办公厅印发《关于进一步做好农村综合性改革试点试验工作的通知》,强调要推动农业物联网运用,强化"互联网+农业"建设,加强智慧农业服务体系构建。大力发展智慧农业,加快推进新一代数字技术和传统农业生产经营活动深层次交融。2021 年 5 月,农业农村部发布《关于加快农业全产业链培育发展的指导意见》,强调要培育市场和产业损害监测预警体系,推动全过程管理数据和分析服务模型建设,推动全产业链大数据中心建设。④ 2021 年 7 月,农业农村部印发《关于加快发展农业社会化服务的指导意见》,支持农业主体全面利用数字技术,扩大航拍、定位系统、应用遥感、视频监控等成熟的智能化设备应用和构建数据平台,精准监测农业生产全过程,

---

① 中共中央办公厅　国务院办公厅:《中共中央办公厅　国务院办公厅印发〈数字乡村发展战略纲要〉》,见 http://www.gov.cn/zhengce/2019－05/16/content_5392269.htm,2019 年 5 月 16 日。

② 中共中央　国务院:《中共中央　国务院关于全面推进乡村振兴加快农业农村现代化的意见》,见 http://www.moa.gov.cn/ztzl/jj2021zyyhwj/zxgz_26476/202102/t20210221_6361865.htm,2021 年 2 月 21 日。

③ 中华人民共和国农业农村部:《关于落实好党中央、国务院 2021 年农业农村重点工作部署的实施意见》,见 http://www.gov.cn/zhengce/zhengceku/2021－03/01/content_5589458.htm,2021 年 1 月 8 日。

④ 中华人民共和国农业农村部:《农业农村部关于加快农业全产业链培育发展的指导意见》,见 http://www.gov.cn/zhengce/zhengceku/2021－06/02/content_5614905.htm,2021 年 5 月 26 日。

提高农业的信息化、智能化程度。

以山西省娄烦县为例,其借助数字企业有效推进了农业数字化。娄烦县是山西省太原市下辖县,是集山区、老区、库区为一体的国家扶贫开发重点县。娄烦县传统农业发展面临许多问题,亟须转型升级。一是农村基础设施体系不够完善,交通设施、水利设施建设不足,灾害预防和抵抗能力不足;二是农业科技含量低,资源消耗大,农产品产出率不高;三是农业粗放型生产,农产品结构单一,农业人才缺乏。在此背景下,娄烦县借助数字企业的先进数字化技术,推进农业数字化。2020 年 8 月 20 日,娄烦县和京东物流正式签署合作协议,合作打造"县域京东农场示范基地",共同推动传统农业数字化转型。

在 J 公司物流帮助下,娄烦县建设了产品全程可视化溯源系统,通过实时采集农业生产过程中的信息,再运用区块链技术进行加密,从而实现对农产品食品安全信息进行集中呈现和保存。通过应用数字技术,娄烦县构建了全域农业产业数字地图以分析关键农作物长势并预测相对产量,通过建立洪涝灾害及农作物病虫害预警系统以预防自然灾害。借力于 J 公司物流的营销资源、平台资源等,娄烦县实现了农产品品牌价值提升及农产品溢价能力提升。J 公司物流助力培养农业数字人才,计划在三年内培训电商、物流、供应链等各类人才 3000 人以上,娄烦县农业人才资本得到积累。

（三）中国工业数字化转型发展现状

1. 工业及其细分行业数字化规模和比重都不断提升

当前,新一代信息技术不断实现突破、逐步成熟落地并与工业进一步融合,不断推动工业向数字化方向转型升级。如图 2-7 所示,2018 年,我国工业数字化规模达到 124854.12 亿元,同比增长 14.2%。2022 年我国工业数字化规模达到 177903.06 亿元,比 2021 年增长 7.2%,比 2017 年增长 62.7%。分门类看,2022 年轻工制造业数字化规模达到 26668.5 亿元,石化金属制造业数字化规模达到 40857.5 亿元,而装备制造业数字化规模领先于其他制造业门类,达到 69498.4 亿元,详见图 2-8 所示。①

（单位：亿元）

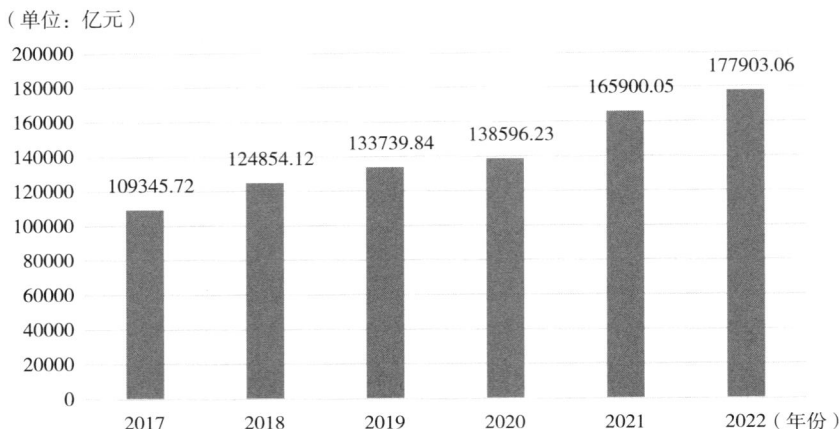

图 2-7　制造业数字化规模

资料来源:根据本研究计算得出。

（单位：亿元）

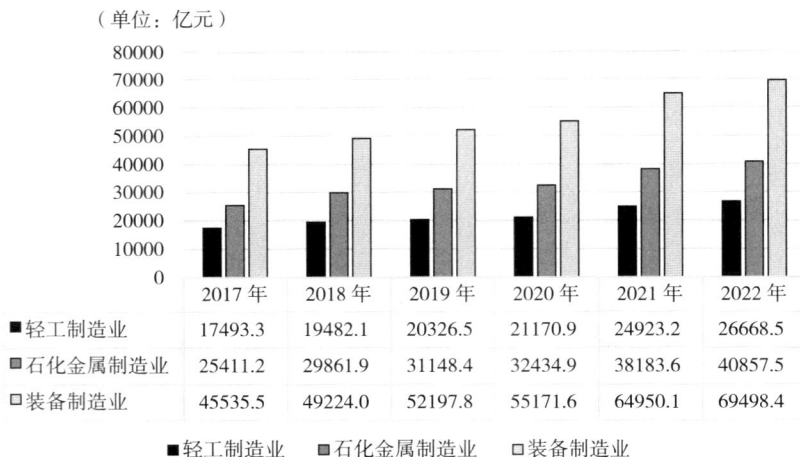

	2017 年	2018 年	2019 年	2020 年	2021 年	2022 年
■轻工制造业	17493.3	19482.1	20326.5	21170.9	24923.2	26668.5
▨石化金属制造业	25411.2	29861.9	31148.4	32434.9	38183.6	40857.5
□装备制造业	45535.5	49224.0	52197.8	55171.6	64950.1	69498.4

■轻工制造业　▨石化金属制造业　□装备制造业

图 2-8　制造业门类数字化规模

资料来源:根据本研究计算得出。

———————————

①　通过历年全国投入产出表计算得到数据,测算方法见附录一。

2. 企业"上云用数赋智"水平不断提升

制造业数字化转型持续深化,根据国家发改委数据显示,截至 2021 年 10 月,规模以上工业企业关键工序数控化率达到 54.6%,经营管理数字化普及率达到 69.8%,数字化研发设计工具普及率达到 74.2%,有超过 100 家具备一定影响力的工业互联网平台,超过 7600 万台工业设备,推进制造业降本增效。

3. 各级政府对制造业数字化的政策支持力度不断加强

为加快推进制造业数字化转型,工信部发布了以下文件。2021 年 6 月,《关于加快培育发展制造业优质企业的指导意见》提出要引导优质企业高端化智能化绿色化发展。大力推进新一代数字技术赋能制造业发展,向世界一流企业看齐。加大技术改造力度,加强质量品牌建设,参与国际技术规范、标准制定,提高中高端供给能力。2021 年 11 月,《"十四五"大数据产业发展规划》提出要优化工业价值链,培育专业化场景化大数据解决方案,构建多层次工业互联网平台系,培育数据驱动的制造业数字化转型新模式新业态。2021 年 11 月,《"十四五"软件和信息技术服务业发展规划》提出支撑制造业数字化转型。不断拓展软件在制造业各环节应用的广度和深度,构建软件定义、数据推动、平台基础的新型制造业体系。2021 年 12 月,《"十四五"智能制造发展规划》提出要专注于智能特性,着眼于制造核心,以数据为支撑,以装备、工艺为根本,依靠制造单元、车间等主要载体,构建动态改进、知识推动、虚实结合、绿色高效的智能制造系统。2022 年 1 月,国务院发布《"十四五"数字经济发展规划》,提出要加速推动工业数字化转型,纵深推进研发、生产、制造、经营、服务等行业数字化转型。深入推动智能制造工程建设,加速推进装备数字化进程。

为加快推进制造业数字化、智能化转型,各地政府出台了一系列政策文件。2020年4月,河北省发布《河北省数字经济发展规划(2020—2025年)》,强调要推进网络化协同制造、实施智能化改造工程,构建服务型制造和搭建工业互联网平台,加速推动制造业数字化转型。① 2020年4月,江西省出台《江西省数字经济发展三年行动计划(2020—2022年)》,提出要实施智能制造升级工程、实施"入网上云"工程和实施数字开发区培育工程,推进制造业数字化转型。② 2020年12月,贵州省在《贵州省国民经济和社会发展第十四个五年规划和2035年远景目标纲要》强调要实施工业数字化改造工程。大力发展智能工厂、智能自动化生产线、工业互联网和工业大数据应用等,推进制造业设计、生产、管理、服务等全流程智能化。③ 2021年7月《广东省制造业数字化转型实施方案(2021—2025年)》强调要推动行业龙头骨干企业集成应用创新、推动行业龙头骨干企业集成应用创新、推动产业园和产业集聚区数字化转型和推动产业园和产业集聚区数字化转型。2021年7月,天津市发布《天津市制造业高质量发展"十四五"规划》,提出要抢抓新基建机遇,大力推进新一代数字技术与制造业深度融合,以5G、工业互联网等信息基础设施作为支撑,加速推进制造业企业智能化改造,不断推动制造业数字化、智能化升级。

---

① 河北省人民政府:《河北省人民政府关于印发河北省数字经济发展规划(2020—2025年)的通知》,见 http://www.hebei.gov.cn/hebei/14462058/14462085/14471257/14471254/15009913/,2020年4月19日。

② 江西省人民政府办公厅:《江西省人民政府办公厅关于印发江西省数字经济发展三年行动计划(2020—2022年)的通知》,见 http://www.duchang.gov.cn/zwgk/zdly/szjjfz/zcjc/202205/t20220524_5501765.html,2020年4月13日。

③ 贵州省人民政府:《贵州省国民经济和社会发展第十四个五年规划和二〇三五年远景目标纲要》,见 https://www.guizhou.gov.cn/ztzl/gzsswgh/hot/202208/t20220829_76275464.html,2020年12月9日。

（四）中国服务业数字化转型发展现状

1. 服务业数字化规模和比重不断提升

近年来,我国新型基础设施投入不断加大,国内居民消费结构不断升级,数字经济驱动服务业转型进程不断加快。如图 2-9 所示,2018 年,我国服务业数字化规模为 90515.86 亿元,同比增长 26.54%,到 2022 年,我国服务业数字化规模达到 125740.99 亿元,比 2017 年增长 75.8%。分门类看,2022 年我国生产性服务业数字化规模达到 81935.5 亿元,生活性服务业数字化规模达到 21595.1 亿元,公共服务业数字化规模达到 17296 亿元,分别比 2017 年增长 73.1%、58.6% 和 110.4%[①],具体可见图 2-10。

（单位：亿元）

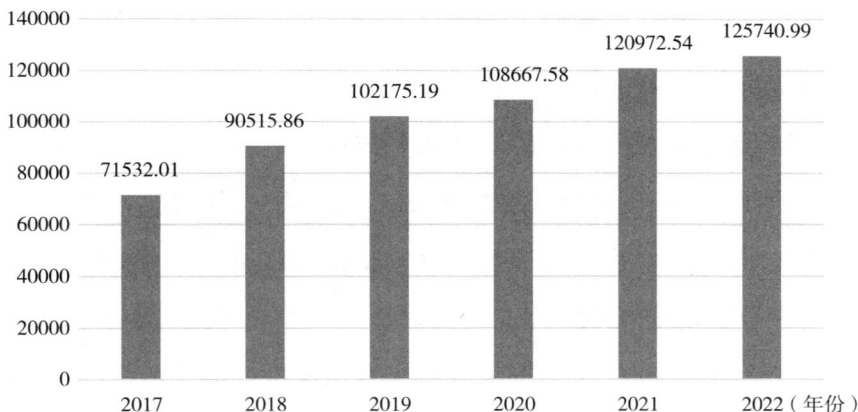

图 2-9　服务业数字化规模

资料来源：根据本研究计算得出。

---

① 通过历年全国投入产出表计算得到数据,测算方法见附录一。

（单位：亿元）

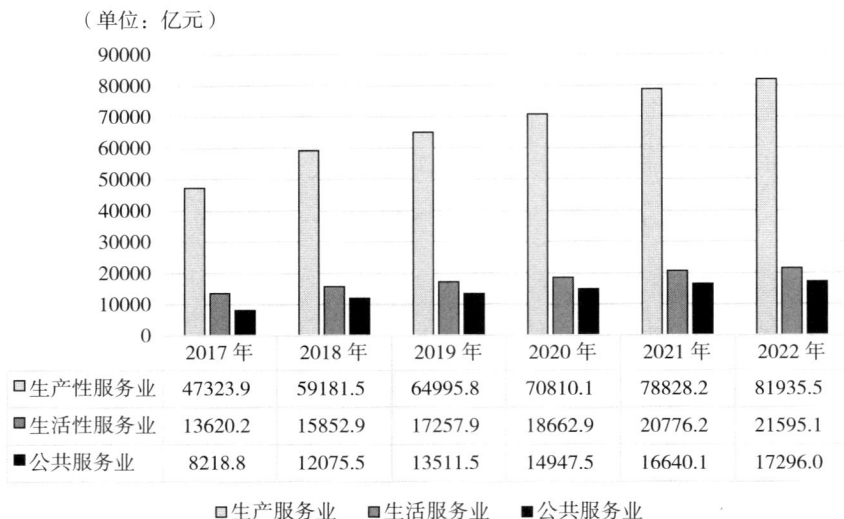

	2017 年	2018 年	2019 年	2020 年	2021 年	2022 年
□ 生产性服务业	47323.9	59181.5	64995.8	70810.1	78828.2	81935.5
■ 生活性服务业	13620.2	15852.9	17257.9	18662.9	20776.2	21595.1
■ 公共服务业	8218.8	12075.5	13511.5	14947.5	16640.1	17296.0

□生产服务业　■生活服务业　■公共服务业

图 2-10　服务业门类数字化规模

资料来源：根据本研究计算得出。

2. 中央大力支持服务业数字化

2021 年 3 月,《中华人民共和国国民经济和社会发展第十四个五年规划和 2035 年远景目标纲要》提出要促进服务业数字化转型升级,打造新零售、智慧物流、众包设计等新增长点。[①] 2022 年 1 月,《"十四五"数字经济发展规划》提出要促进数字商务发展,加速推动商贸、金融、物流等服务业数字化转型,改进管理模式和服务体系,提升服务业的质量与效用。推广数字技术在全过程工程咨询领域的深度运用,推动咨询服务和工程建设模式转型升级。[②]

---

①　中华人民共和国国务院:《中华人民共和国国民经济和社会发展第十四个五年规划和 2035 年远景目标纲要》,新华社,见 http://www.gov.cn/xinwen/2021-03/13/content_5592681.htm,2021 年 3 月 13 日。

②　中华人民共和国国务院:《国务院关于印发"十四五"数字经济发展规划的通知》,中国政府网,见 http://www.gov.cn/zhengce/content/2022-01/12/content_5667817.htm,2021 年 12 月 12 日。

3. 各级政府也大力支持服务业数字化

2021年2月,江西省在《江西省国民经济和社会发展第十四个五年规划和2035年远景目标纲要》提出要促进服务业数字化转型升级。加快物联网、人工智能、大数据、区块链等技术与金融、交通运输、设计咨询、节能环保等生产性服务业深度融合,拓展数字技术应用场景,重点推动智慧交通、智慧物流、数字金融、数字设计等领域发展。[①] 2021年4月,广东省在《广东省国民经济和社会发展第十四个五年规划和2035年远景目标纲要》提出要推动服务业数字化发展,发展服务贸易新业态新模式,加强教育、文化、体育、金融、旅游等数字应用场景建设。[②] 2021年4月,安徽省在《安徽省国民经济和社会发展第十四个五年规划和2035年远景目标纲要》提出要促进服务业数字化转型。推动生活性服务业向高品质和多样化升级,促进养老、家政、健康、旅游、文化、体育、育幼、物业等服务业发展。[③] 2021年8月,湖南省发布《湖南省"十四五"服务业发展规划》,提出要扩大服务业数字化应用和强化数字技术创新能力,数字化改造升级传统服务业,促进服务业数字化发展。2021年9月,山东省发布《山东省服务业数字化转型行动方案(2021—2023年)》,提出要深入推进全省数字经济建设,加快推进服务业数字化转型升级。开展生活性服务业数字提升行动、加快生产性服务业数字赋能升级和实施服务业数字化转型重点工程。2021年10月,湖北省发布《湖北省服务业发展"十四五"规划》,

---

① 江西省人民政府:《江西省国民经济和社会发展第十四个五年规划和2035年远景目标纲要》,见 http://www.jiangxi.gov.cn/art/2022/4/1/art_5358_3906671.html,2022年4月1日。

② 广东省人民政府:《广东省国民经济和社会发展第十四个五年规划和2035年远景目标纲要》,见 http://www.gd.gov.cn/zwgk/wjk/qbwj/yf/content/post_3268751.html,2021年4月25日。

③ 安徽省人民政府:《安徽省国民经济和社会发展第十四个五年规划和2035年远景目标纲要》,见 https://www.ah.gov.cn/public/1681/553978211.html,2021年4月21日。

提出要促进服务业数字化转型。实施"上云用数赋智"行动、探索线上服务新模式和促进共享经济、平台经济健康发展。

二、产业数字化转型迫切需要改进

以人工智能、大数据、物联网为代表的新一代信息技术逐步与传统产业发生深度融合,在信息技术的赋能下,各产业上下游实现全方位的数字化转型升级。在政策加持下传统产业数字化转型进入快车道,在面临新的机遇的同时也面临着供应链、产业链仍有鸿沟、融合程度仍需加强、转型意识亟待加强、转型成本仍需降低、数据问题仍然突出、数据基础区域失衡等不足。

(一)产业数字化转型意识亟待加强

1.部分政府层面对产业数字化转型的理念革新仍有不足

政府应超越对产业发展的传统理念,全面提升在数字技术对产业发展重要性方面的认知,以数据为依托,以智能化为手段,基于数据和智能技术,创新并应用数字化技术,全面加强对传统产业数字化转型升级的政策指导与支持,实现对原有产业发展理念的突破。

2.部分企业未能清楚认识到数字化转型的紧迫性和重要性

部分企业管理层的数字化转型目标不清晰、缺乏实践路径,内部意见不统一导致数字化进程缓慢。此外,部分传统企业还缺乏数字化转型的战略眼光,未能以长远战略的高度谋划数字化转型全局。同时,数字化转型的艰巨性和长期性决定了企业必须面对人才培养、技术创新、业务能力建设等各方面的挑战,这要求企业能够在全局层面做到有效协同。目前,多数企业在组织重塑和制度设计上的能力较为薄弱,各部门之间在数字化分工上职权不明晰,有效的制度激励和配套考核匮乏。

3. 行业协会的产业数字化转型意识也有待加强

行业协会在产业数字化过程中能起到重要的桥梁和纽带的作用,必须突破原有的封闭式传统产业发展思维,积极引入各类数字技术、数字商业模式、数字商业新业态,实现传统产业的业务和数字技术的全面深度融合。

(二) 产业链供应链联通仍需加强

随着产业链供应链数字化转型的不断加快,工业互联网等数字网络和平台为我国产业链、供应链的发展提供了关键支撑作用。然而,由于国际国内形势日趋复杂,供应链和产业链中的各企业、各生产环节之间仍存在巨大鸿沟,在我国加快"双循环"建设的过程中,产业链供应链断链的风险仍然存在,这主要表现在:

1. 传统产业与产业链供应链数字平台联通仍不紧密

一方面,真正全方位融入产业链和供应链数字网络平台的企业数量仍未占多数,不少企业,尤其是中小企业仍游离在产业链和供应链的数字网络平台之外,缺少对市场供给、价格等信息的及时、充分和动态的把握;另一方面,现有的产业链和供应链数字网络平台仍有待进一步升级,接入企业之间的数据和信息交互、融通水平仍远未达到方便快捷的程度。

2. 不同产业的产业链供应链数字平台联通水平差异较大

这主要体现在与信息通信技术密切相关的知识密集型产业,其供应链数字化程度相对较高,而广大农业以及低端制造业等传统产业的供应链和产业链的数字化水平往往较低。此外,部分技术水平相对落后的传统产业即便已初步接触供应链和产业链的数字化技术,但仍有大量的生产、销售、经营的环节还停留在传统的水平上,与数字化的要求相去甚远。

（三）传统产业与数字技术融合程度有待提升

传统产业与数字技术融合发展能够加快传统产业升级，产生更大价值。我国不同产业的数字经济与实体融合程度不同，消费服务业与数字经济的融合创新发展程度最高。而在附加值更高的生产服务业方面的数字化程度，我们同发达国家还有较大差距。整体而言，我国数字经济占GDP比重还有提升空间，我们要充分发挥比较优势，抓住发展机遇，加快不同类型产业的数字化转型，从而促进经济高质量发展。

（四）产业数字化转型成本需要降低

传统产业数字化转型成本高，有如下原因。一是嵌入式芯片、底层操作系统、关键工业软件等核心数字技术面临国外垄断的问题，产品进口依赖度高。二是市场上能够解决企业数据运营、架构设计、战略咨询等转型需求的第三方服务商数量不足。此外由于信息不对称，中小微企业难以选择形形色色的数字业务服务商，这也制约了企业数字化转型。比如在云计算服务中，各类云服务商良莠不齐，在安全服务能力的表现上差异较大，存在秘钥管理策略不健全、数据备份机制不完善以及业务安全风控能力不强等问题，容易引致用户数据泄露。

（五）数据开发和安全问题仍待解决

1. 数据资产仍待开发

在企业数字化转型过程中，数据资产是关键支撑，企业应对加工利用数据的方式和数据价值如何实现予以重视。目前只有少数企业建立了全面和完整的工业数据链；数据资源分散在各个业务系统中，数据资源较为分散，从而出现"数据孤岛"，数据资源的价值总体利用程度不高，数据的分布与更新很难及时、全面感知。

2. 数据安全仍待加强

当前数字技术应用到产业的方方面面,同时也带来更多的安全威胁。例如,攻击者通过直接对工控设备发动攻击,进而威胁到工业控制系统的安全,防木马、防病毒的传统安全工具失效。同时,各类数字技术、设备的应用也带来更多安全风险。比如,在工业控制安全的触及对象中,不安全因素逐渐从单一工业设备向工业数据、工业网络、工控设备、工业主机等工控全系统蔓延。另外,原本互不关联的信息化系统被打通,虚拟和现实的界限在工业互联网的发展下逐渐模糊,在多元开放的应用场景下传统安全防护手段失效。

3. 数据管理仍待升级

现有对数据资产的管理规则和制度仍有待进一步加强。以制造业为例,制造业数据覆盖设计、经营、设备、市场等诸多方面,在收集、储藏和利用过程中一经暴露,用户和企业将面临不小的安全风险。农业数据的流通管理也存在不少问题,当前难以有效管控数据传输过程,存在泄露、篡改、非授权使用、破坏和失真等风险,加之因成本问题,客户自建网络安全防御体系不现实,所需成本太高、产出效益太低,部分企业的农业数据管理形同虚设。

（六）数字基础区域失衡尚待缓解

目前,中国一二线城市的产业数字化程度高于三四线城市,城乡之间数字化渗透率差异明显。一方面,三四线城市的基础设施建设不足,新基建政策的实施存在滞后效应;另一方面,三四线城市及农村居民的老龄化程度高,网络普及率及使用率不高,数字化服务需求不足,服务业数字化程度低。

三、产业数字化转型面临的挑战

当前新一轮科技革命和产业变革深入发展,5G、人工智能、物联网等新一代信息技术不断实现突破、逐步成熟落地并与制造业进一步融合,为产业转型升级注入了新的能量,不断推动传统产业向数字化方向转型升级。同时我国产业数字化转型过程中也面临着资金人才严重不足、核心技术亟待突破、基础设施尚需加强、数据标准需要统一等主要挑战。

(一)技术人才严重不足

创新人才不足是制约数字化可持续发展的主要因素。目前我国数字化应用领域人才资源储备不足,导致数字经济人才流动率较高,地区间争夺人才现象明显。

我国农村缺乏专业信息技术人才,难以适应新技术的应用。同时,农民在参与信息化技术学习时服务费较高,高素质人才不足意味着不能较快地促进数字化转型。此外,一些新型设备价格高企,远超农民所能承受范围。

目前制造业领域还十分缺乏数字化专业人才,制造业数字化在制造流程、网络设计和创新应用等方面需要较强的技术支撑;工业互联网设计等专业在知识、技能上对从业人员的要求很高,很难通过短期的培训完成;高校专业内容设计方面在相关领域研究基础不强,缺乏基础技术研究人才。

当前多数服务型企业尚未建立起明确的数字化转型目标,企业管理层对数字化转型战略认知不足,导致在执行层面难以实施推进并迭代优化,影响企业数字化转型进程。另外,服务业企业缺乏专业的信息化团队,既懂行业又懂数字化的复合型人才短缺,亟须专业数字化人才带领服务业企业走出第一步。

（二）核心技术亟待突破

目前,我国相较于发达国家在高科技领域还存在不小差距,难以打破新材料、信息技术和高端制造等领域核心技术受制于人的局面;开发工具、关键工业软件、嵌入式芯片等技术领域基本被国外垄断,相关产品进口依赖度高;一些领域诸如平台数据采集开发工具、控制系统的专利大多是外围应用类,核心专利匮乏。如果没有信息领域核心技术的突破,就不可能有国家产业发展所需的信息化和数字化。核心技术是网信事业亟待突破的短板。此外,我国信息基础设施和数字化转型基础不强,整体技术架构能力不强。

（三）基础设施尚待加强

当前我国农村新型基础设施搭建难度大、搭建成本高,限制了网络进一步向自然村和农户渗透,宽带实际到户率不高。同时物联网和5G高速传输等技术应用目前不够成熟,数据计算和决策能力难以充分满足农业经营主体数字化转型的具体需求,使得在资源整合时难度较大。

当前多数服务业企业尚未构建起完善的底层自动化和信息化,自动化和信息化的缺乏导致以"数据"为核心的数字化和智能化无法实现。数据碎片化、数据壁垒和信息孤岛现象普遍存在。

（四）数据标准需要统一

当前,我国公共部门的数据对外开放程度低,数据开放程度低导致企业对外部数据的需求难以得到满足,企业无法通过有效整合数据资源产生应用价值,更重要的是数据标准不统一,导致数据的开放存在技术阻碍。例如,制造业企业每天都会产生大量设备运行数据、研发管理数据、市场数据等。可是,工业设备类型众多、应用场景复杂多样,不同环境下的工业协议不统一,数据格式不一致,导致数据难以兼容。

第四节　产业数字化发展政策建议

数字化时代的发展,改变了传统的商业思维,激活了产业发展的新活力。产业数字化转型是我国经济向高质量发展阶段转移的重要方向之一。为了更好地推动产业数字化转型,可以主要从以下几个方面着手:

一、加强基础设施建设

发扬产业数字化基础设施的效能,优化完善数字基础设施,打造绿色高效的智算基础设施,创建交通感知网络,提升全民数字素养,营造良好的环境和氛围,为产业数字化转型发展提供有力支撑。

(一) 优化完善数字基础设施

通过千兆光纤网络的加速构建,不断扩容光纤网络,全方位地增强网络空间整体规模和综合业务运行能力,全覆盖地提升千兆网络接入家庭和万兆网络接入商务楼的执行效力,进而推进双千兆宽带城市的建设。全面落实多层级人工智能平台的建设,构建可普及的可开发的技术、托管式安全运营和应急处理等人工智能服务能力体系,为人工智能产业发展提供一个更好的、更具备支撑能力的基础设施。加快建设安全可推广的区块链开发部署,依托已建立的区块链网络,进一步扩充新的区块链网络节点,发展基于区块链的城市数据共享开放平台。

(二) 全力搭建绿色化、高效率的算力基础设施

为满足高性能和密集数据的计算、数据存储以及容灾备份等应用的需求,应持之以恒地发展数据中心的节能化和绿色化改造,加快推进算力和数据资源向智力资源的高效转变过程。对大数据中心布局进行持续优化,增强数据中心的分类引导和集约利用能力,全力发展建设全中国一体化大数据中心。

(三) 打造全范围成套的交通感知网络

在重要交通路段及重点交通节点全覆盖 5G 和物联感知网络,交通基础设施智能化系统化升级。持续推进智能交通设备、智慧高速公路、特大桥段监测等研制,不断强化交通数字化、智能化升级,提高基础设施运行效率。

二、大力引培数字人才

(一) 营造完善的人才发展环境

制定高技术人才引进政策和优化高水平人才管理方法,举办国际顶尖知名企业家高峰论坛,加快推进企业高层次的经营管理人才专业化和国际化,开拓全球化视野、数字化觉悟和创新化思维,培养一批聚焦数字化转型的领军人物,打造一群适应数字经济时代发展的高水平企业管理者。促进高等教育人才培养体制改革,引导高校在学科课程设置和师资力量等方面重点突出数字人才的培养,规范计算机科学技术、信息安全、

物联网工程、软件工程等数字经济基础学科的建设,筑牢产业数字化发展底座。高等院校和智库单位团结协作,企业经营人员素质提升计划切实抓好,企业管理层数字水平发展培训统筹兼顾,不断激发企业数字化转型的热情。

(二) 营造数字化氛围,增强全民数字素养能力

面向智能化使用不熟练的人群,加强普及数字化设备和智能化服务的使用;面向机关企事业单位及乡镇工作人员,开展数字化专题培训。主流媒体做好正面宣传,增强对数字化转型的典型案例和相关经营的传播,同时加强防范网络风险教育,提升大众谨防网络虚假信息和保护个人隐私的能力。

三、增强关键技术创新

加快数字技术的全面创新升级,打造数字技术蓬勃发展的空间。加强集成电路、核心软件、移动互联网、云计算与大数据、新型显示等重点领域的"卡脖子"技术攻关,超前部署量子科技、人工智能、区块链、6G、智能物联网等前沿技术研发。[①] 以数字技术与各行业各领域融合为方向,扎实推进各行业企业和数字技术服务企业的跨界融合创新,切实做好创新成果有效转化,加快发展创新技术的系统化和产业化。大力支持科研院所、研发机构和创新型企业等主体深入开展前瞻性数字技术基础研究,实现引领性重大创新成果接连涌现。

---

① 江苏省人民政府办公厅:《省政府办公厅关于印发江苏省"十四五"数字经济发展规划的通知》,见 http://www.jiangsu.gov.cn/art/2021/8/26/art_46144_9989328.html,2021 年 8 月 10 日。

四、融通产业链条堵点

（一）以创新为动能精准打通堵点，推动产业链延伸，进一步融通供应链

各地各部门加强跨区域联动，着力打通堵点卡点，实现创新链的协调共进，逐步突破影响数字化创新要素的瓶颈。积极推动高水平科技创新平台和相关产业链供应链上龙头企业的良性互动，不断提升科技成果转移转化效率。

（二）提升产业链的强度与韧性，加快解决产业链安全与自主可控的问题，进而推进产业链数字化转型

鼓励数字人才积极参与到区域产业链监督管理工作之中，试图探索由各级省市领导和人才轮流担任"链长"的治理模式。

五、全面拓宽资金支持

（一）鼓励金融机构积极参与，拓展多元投资融资渠道

鼓励金融机构在产业数字化转型中发挥其中坚力量，优化投资方案，在业务范围内赋能有需要的企业和平台进行数字化转型。重点提高对数字化薄弱环节的投入，逐步突破数字化发展的瓶颈制约，有效推进产业数字化转型的长效发展机制。鼓励社会资本以市场化运作的方式设立数字化转型专项基金，对于满足条件的企业，鼓励它们进入多渠道的资本市场融资。可以通过设立基金来开展投资项目，包括母基金、地区经济引导基金和产业数字化基金等，而不是简单实施政策性补贴的方式。这样不仅

可以缓解政府财政压力,也从政府主导转变为市场主导,进而提升产业数字化转型的效能。

（二）加强统筹协调各类资金,全力优化投资结构

为了形成以核心企业为中心的数字化信息系统、一体化信用评估体系和智能化风险管理模式,加强各方信息共享水平,提高金融资产为数字化转型服务的整体协同性。但也需要谨慎投资,拒绝盲目投资,投资计划应与本地区产业数字化发展战略紧密结合,寻找具有价值的投资机会,防止投资泛滥。

六、完善协调治理体系

（一）进一步健全法律法规和政策制度,加快推动数字化相关立法工作

统筹完善现有相关专项政策,加大对产业数字化转型升级的支持力度,创新财政资金使用方案。规范完善技术标准体系,大力鼓励公司企业、高校和科研院所、行业协会等专门机构组织积极加入人工智能、工业互联网、大数据等重点领域的标准制定。加快数字化技术标准服务平台建设,健全和推广技术、产品和服务与基础设施等标准。

（二）建立产业数字化发展协调机制,推进政策规划和标准体系的贯彻实施

各省市要认真抓好与数字化转型相关的具体配套政策的制定和落实,积极推进数字化改革进程,充分释放数字化发展红利。立足区域实际

情况,提升数字化协调发展能力,提升数字管理能力,在服务和融入新发展格局的道路上,数字产业化将发挥更大作用。

七、建设重点数字园区

为了全面实现产业数字化的转型升级,龙头企业将继续处于关键地位,发挥领导带头作用,加强深化重点行业和集群数字化转型,规划布局,建设一批重点产业园区。

(一) 全力促进产业集群建设加快落地发展

积极探索建立数字化转型的产业园区,衔接集聚产业园区各类资源条件,保障集群发展产业动态效能持续释放,聚焦产业数字化新业态新模式。可以将我国的四大城市群作为重点发展对象,带动全国各地数字化发展热潮,引导数字化产业园区集群化和标准化发展,加快完善数字化治理体系。

(二) 推进数字产业园区试点示范建设

选取若干先进的典型省市作为代表来参加数字化转型推进会,大力表彰示范园区、示范城市和领军企业的贡献,加大推广宣传和支持力度。鼓励各地区积极探索适应数字化转型的措施,实施有效途径和管用方式,加快形成一批可复制可推广的数字化转型经验和重大制度成果。培育一批数字化企业,引导传统行业龙头企业培育自主性创新性信息产品和服务技术。发挥数字化龙头企业的引领示范作用,加强资源数据开放共享,带动创新型中小企业共同发展。

（三）建设数字园区发展政策体系

鼓励和支持各地区、各部门因地制宜,采取集评估、财政和科研为一体的综合性政策手段,有针对性地建设一批务实管用的政策法规体系。探索跨区域交流合作模式,形成深度化的数字化转型体系,不断宣传推广各类示范园区先进经验,发挥典型标杆引领作用,以点带面,形成共同发展壮大的良好局面。

（本章执笔人:广东外语外贸大学国际

服务经济研究院　刘恩初、彭洪博、

陈冬梅、况怡昕）

第三章　企业数字化转型理论与实践

随着人工智能、区块链、云计算、大数据等新兴数字技术的快速发展，世界主要国家纷纷开启了数字化转型进程，如美国提出了"数字孪生（Digital Twin）"技术，德国通过"工业4.0"在产业数字化领域领跑全球，英国亦发布了数字化转型战略七大任务等，全球经济发展动能逐步从基于资源和知识的传统工业经济向基于网络化和数据的数字经济过渡和转换。

数字经济中，新兴技术是亮点，数字化变革是重点，实体企业是主战场。新一代科技革命背景下，数据成为继劳动、资本、土地、知识、技术、管理之后的又一驱动经济社会发展的重要生产要素，不断催化原有生产要素的新价值（王核成等，2021）。世界知名企业均在尝试将先进的新兴技术用于业务变革、组织变革与管理变革中，不断探索转型模式和路径，推动企业全方位的数据化、信息化与智能化，深刻改变了现代商品经济社会的交易方式与经济关系。数字化转型赋予的感知与捕获信息、连接数字化产品、大数据分析等能力，逐步被大多数企业视为未来改变商业和社会的主旋律。

面对人口老龄化、资源和环境瓶颈、生产要素成本上升等制约，数字经济也成为我国构建新发展格局的战略选择和关键支撑。作为数字经济发展的微观基础，企业数字化转型关乎中国企业成长，也关乎中国产业数字化的成败（倪克金、刘修岩，2021）。面对后疫情时代国内外环境的不确定性、新发展阶段动能转换的瓶颈约束以及互联网背景下消费者消费场景和理念的变革,企业推动数字化转型成为影响自身生存与发展的关键选择。然而实现数字化转型并非一朝之事,我国企业"不会转""不能转""不敢转"的问题仍旧严峻(刘淑春等,2021)。因此,本章基于相关理论梳理,深入探究企业数字化转型的内涵、动因、要素、机制、模式与路径,客观评判中国现行企业数字化转型的现状与优化方向,结合行业特性与企业特征,提出企业数字化建设的未来架构与后续落地执行的数字化建设路径,以期为中国企业数字化转型的实践提供借鉴与参考,推动中国企业竞争力的提升以及数字经济发展的提质增效。

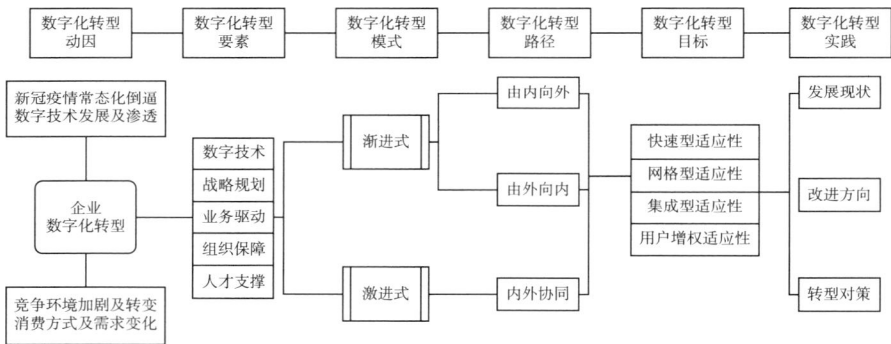

图 3-1　企业数字化转型理论与实践

资料来源:笔者自绘。

第一节　企业数字化转型理论基础

一、企业数字化转型内涵

(一) 企业数字化转型的历史沿革

随着经济社会的发展,数字化的规模与范围逐步扩展至商业变革、业务发展及价值创造等企业管理领域。数字技术作为一种社会趋势与过程状态,成为影响组织形式和结构变革的主导力量,但在不同时代,数字技术不同的发展水平也造就了不同程度和不同类型的企业数字化。

1. 信息数字化阶段

20 世纪 80 年代后,个人计算机的大规模普及应用引发了第一次信息化浪潮,全球企业进入了以计算机单机应用为主要特征的数字化起步阶段。在这一阶段,欧美企业纷纷通过计算机辅助制造(Computer Aided Manufacturing, CAM)、计 算 机 辅 助 生 产 (Computer Aided Production, CAP)、事务处理系统(Transaction Processing Systems, TPS)、办公自动化(Office Automation, OA)、顾客关系管理系统(Customer Relationship Management, CRM)、企业资源计划(Enterprise Resource Planning, ERP)等计算机技术进行辅助制造和生产运营,提高了对产品数据、产品设计、财务运营等核心业务管理的效率和准确率。

2. 业务数字化阶段

20 世纪 90 年代后,随着网络应用逐步由局域网向互联网转变,经济社会的信息交互实现了高效连接,空间距离不再成为制约企业合作与产品交易的限制因素,全球信息产业进入爆发式增长阶段,企业进入了以互联网业务发展为主要特征的数字化扩张阶段。在这一阶段,一些国际互联网公司依托先进的互联网技术快速崛起和扩张。其他企业亦逐步将互联网作为信息化的基础平台,通过电子数据的网络大规模聚集、共享和交换,创新发展电子商务、万物互联、音视频互动等相关业务。

3. 数字化转型阶段

进入 21 世纪特别是 2010 年后,随着人工智能、大数据、云计算、区块链等新一代信息技术的广泛应用,人类生产方式、商业模式和生活模式均发生了极大变化,全球企业也相应进入以自动化、智能化、数据化为主要特征的数字化转型阶段。以互联网为基础的新一代信息技术颠覆了原有传统产业结构,重塑了生产方式、生活方式与治理方式,人类历史上前所未有的财富爆发式积聚现象以虚拟空间为主要形式的平台经济载体进行呈现,不断推动各行业企业将数据作为关键生产要素,将数字技术应用作为主要转型方向,新的商业模式持续涌现。

(二) 企业数字化转型的定义及特征

早期的企业数字化主要局限在传统信息技术在企业中的应用,是一个基于数字技术应用的企业运营管理、业务流程、产品和服务创新的变革过程(Fitzgerald 等,2014;Ilvonen 等,2018;Nambisan,2019)。而数字化转型是目前数字化发展的新阶段,其不仅强调企业数字化,更加强调企业转型,即数字技术可以赋予企业的商业模式、产品或组织结构产生的变化(Hess 等,2016),这一变化不仅能够衍生出新的价值创造方式,而且可以助力传统产业转型升级,推动整个经济形态的变革(唐浩丹、蒋殿春,2021)。[①]

理论上,国内外学者对企业数字化转型作出了丰富阐释。企业数字化转型是指通过结合信息、计算、通信和连接技术,对实体的属性进行重大改变,从而改进实体的过程(Vial,2019),其不仅仅涉及数字技术层面的问题,还需要重塑公司愿景、战略、组织结构、流程、能力和文化,以适应不断变化的数字业务环境,进而重新定义相关市场和行业(Gurbaxani,Dunkle,2019)。数字化转型既要应用数字工具转换核心,即使用社交媒体、移动、分析和嵌入式设备等新数字技术实现重大业务改进(Fitzgerald 等,2014),又要通过数字创新酝酿出新参与者及群体、结构、实践、价值

---

① 2016 年 9 月,G20 杭州峰会发布的《二十国集团数字经济发展与合作倡议》也进行了类似的定义。

观和信念,最终引致更深层次的企业文化变革(Warner,Wager,2019)。数字化转型是指企业综合运用各类数字技术,对自动流动的数据加以分析处理,并将其作为化解自身所处商业生态(包括客户、合作伙伴、利益相关者等)环境变化不确定性的响应基础,提高生产经营效率,创造新的价值(温强,2020)。

尽管目前理论界对数字化转型的内涵没有形成统一的定义,但基本上达成了真正的数字化转型体现于全面数字化的实现这一共识。企业数字化转型实践已不再是简单的数字技术引进与应用,而是涉及组织结构、企业文化、业务模式等各方面、全方位的变革(Ferreira 等,2019)。这体现在企业数字化转型是一个涉及企业整体的系统"跃迁"的复杂过程,其既是产业层面信息化与工业化深度融合的微观体现,又是企业层面从工业化体系迈向数字化体系的创新标志(肖静华,2020)。

综上,本章将企业数字化转型定义为:企业以业务活动为核心纽带,通过数字化技术和能力驱动商业模式、用户体验和运营流程的重构,在战略、组织结构、业务流程、人员管理、企业文化等方面实现整体跃迁,以适应数字化时代下的用户搜寻、购买以及用户与商品服务互动的方式,最终构建新的价值创造路径。这一系统过程具备以下特征:

1. 使用新兴技术

数字技术的作用不再单体现在对边际效率的提升,而是推动企业在多个维度开展重大创新或颠覆,从而企业数字化转型是一个如何将人员、数据和流程结合在一起的重新想象。

2. 重新配置客户价值主张

专注消费者需求,注重用户增权程度,提供即时性、个性化、定制化服务,在实现客户愿景的流程中创造价值。

3. 追求产品运营和商业模式创新

凭借数字化提供的即时性信息,设计全新的数字商业领域,提供新的收入和创造价值的机会,突破现有市场局限以构建崭新的价值池。

4. 将某些需要数字技术支持的职能嵌入组织中

培养数字化员工和高管,通过组织变革建立基础能力,以支撑整个数字化方案的实施。

二、企业数字化转型动因

(一) 数字技术发展及渗透

随着数字技术的不断应用,人类社会逐步过渡至"以数据要素为核心"的时代。从研发设计到生产加工,从订单分配到产品交付、从广告营销到终端销售,都与数据要素密切相关(何大安,2018)。数字技术的应用将企业采购、生产、销售、管理等价值链各个环节转化为具体的数据指标,由此驱动的一站式数据系统形成了对程序性人工业务的替代,降低了监管成本与追溯成本;通过大数据技术,可以帮助企业精准锁定客户资源,实现精准营销,推动企业基于自身的核心能力开展适应市场变化的业务,不断推出超出市场预期的产品和服务,维持市场竞争优势;数字化技术也能有效对接各国通用的商业规则,克服地域文化、语言障碍、国别差异等难题,降低了沟通与协作成本;数字技术的应用使企业各个部分实现信息的互联互通,使得管理层在产品、员工、供货商等战略决策方面更加精准有效。根据世界经济论坛(World Economic Forum,WEF)发布的白皮书《第四次工业革命对供应链的影响》,经过数字化技术改造,可使制造业企业成本降低 17.6%、营收增加 22.6%;使物流服务成本降低 34.2%,营收增加 33.6%;使零售成本降低 7.8%,营收增加 33.3%。数字技术在降本增效方面的作用立竿见影,推动企业不断开展数字化转型。

（二）竞争环境加剧及转变

在传统工业化体系中,由于领域知识的缺乏和技术壁垒等原因,企业往往通过规模经济在同行业内进行竞争。然而,新一代数字技术的应用实现了用户对生产过程的深度参与,改变了实现供需匹配的媒介机制,企业之间的竞争逐步聚焦于产品使用价值的供给。数字技术孵化出的一批数字化企业在发展自身核心业务的基础上,不断地探索相近的、可行的、价值链之外的产品和服务,希望凭借网络外部性产生的用户黏性,形成不易被对手复制或者无法逾越的竞争优势(肖静华,2020)。数字化企业突破了传统的行业壁垒,通过进入新的业务领域以捕捉新的增长点,以跨界经营打破了组织内部和外部的边界,在传统行业中形成了大量异质竞争者,迫使传统企业不得不面临跨行业替代式竞争,这种颠覆式创新由此形成了竞争模式的根本变革。因此,数字技术与实体经济的深度融合加剧了企业之间在价值供给上的竞争,传统企业很难再以原有的方式维持竞争优势,需要通过数字化转型作出应对。

（三）消费方式及需求变化

随着数字经济的发展,人们的日常活动也越来越数字化。根据中国互联网络信息中心(China Internet Network Information Center,CNNIC)发布的第51次《中国互联网络发展状况统计报告》,截至2022年年底,我国网民规模达到10.67亿,互联网普及率达75.6%,其中农村网民规模已达3.08亿,50岁及以上网民群体占比提升至30.8%,即时通信等应用基本实现普及,互联网深度融入各个群体的日常生活。在此背景下,消费者的需求呈现出个性化、集成化、动态化、体验化等独特特征,需要商家利用数字化技术推动生产供给和流通供给体系变革,全时全域、精细准确、无缝衔接地识别"数字化用户"的购买习惯、路径和需求。在传统工业化体系中,尽管多数企业均强调用户参与企业创新的重要性,但由于难度大、成本高,一直以来用户参与都只是在非常有限的范围内进行的,市场权力多由制造商或中间商等企业主导。然而,新一代数字技术不仅通过信息的透明降低了企业与用户的信息不对称,而且通过信息的即时交互使用户广泛介入企业的运作过程,这一用户增权程度的提升,逐步推动市场权力由企业主导转化为用户主导,即数字技术赋予了客户话语权。在此背景下,企业只有持续地向用户输出价值,才能够赢得用户的认可,实现生存与发展。因此,在颠覆性变革的数字经济时代,只有用户才能定义企业,也只有用户才能成就企业。传统的指标如质量、耐用性和持久性被质疑或摒弃,而速度、低成本、效率以及即时性等渐成标准,这就必然会推动企业从原有以自身为主导转向与用户紧密互动的新商业模式。

(四) 新冠疫情常态化的倒逼

新冠疫情常态化后,尽管多地政府出台了技术帮扶、财税优惠、减免相关费用等政策措施,但仅能缓解一时之渴,很多企业特别是中小企业在疫情冲击下仍出现了复工复产难、现金流断裂、经营成本高等问题,面临突出的生存风险。在此背景下,部分企业充分利用数字化技术便捷高效、智能精准、超越时空的特性,尝试改变生产方式、管理流程和经营模式,推动数字化转型。针对客流量不稳定的情况,包括餐厅业在内的不少企业逐步开辟线上市场,开拓电商和直播销售渠道;针对员工短缺的情况,部分企业在线上招聘、网络招聘等基础上,通过"共享员工""空中宣讲会""云招聘"等数字化方案破解困局;针对疫情防控突发的情况,部分企业转向包括 Inter Message(IM)和视频会议在内的线上办公与远程办公,利用虚拟价值网络实现数据、价值甚至理念的传输。根据阿里云研究中心和中国中小商业企业协会联合发布的报告《后疫情时代中小企业全链路数智化转型洞察》，在数字化程度较高的企业中，45%的企业不受疫情影响或受到正面影响，而在数字化程度较低的企业中，78%的企业受到疫情负面影响。因此，新冠疫情的常态化不断倒逼企业进行数字化转型，迫使它们加速利用数字化技术开展数字化业务，以提高面对不确定情况时的稳定性。

三、企业数字化转型要素

（一）数字技术是基石

尽管企业数字化转型并不等同于数字技术的应用，但数字设备、大数据、云计算、边缘计算、互联网平台、5G、人工智能、区块链、物联网等新一代信息技术是数字化转型的基础，是企业进行数字化转型的技术基石。数字技术的创新应用重构了组织、顾客以及合作伙伴之间的价值关系，改变了生产和消费生态系统，催生出新的数字产品和商业模式。换言之，数字化转型所需的能力不仅仅是收集大数据，还需要解释大数据，了解大数据告诉了企业什么，并寻找新的方法来帮助最终用户与公司、产品和服务进行互动。这一切都要求企业拥有足够的数字技术能力，通过技术穿透让信息和数字流可以创造新的价值。

（二）战略规划是方向

数字化转型是一项整体化、系统化、差异化的长期工程，需要企业领导层正确地理解数字化转型内涵，深入研判自身所处行业的情况，精准把握自身企业所拥有的数字化技术、资本以及人才等基础条件，最终对企业数字化转型的目标、路径、方向等作出顶层设计,制定涉及数字部门与非数字部门、全业务流程、全体员工的行动方案。根据麦肯锡全球研究院发布的《数字时代的中国:打造具有全球竞争力的新经济》以及华为发布的《行业数字化转型方法白皮书(2019)》,企业要将数字化转型上升至方向性、全局性的重大战略决策,要根据自身的数字化成熟度进行合理的愿景和目标设定,统一组织内部的思想和行动,以提高转型成功的概率。

(三) 业务驱动是重心

企业数字化转型的重心内容不是数字技术的线性延伸,而是以数据分析与应用作为企业业务开展、流程改造、组织优化、商业模式重构等数字化转型的关键驱动力。换言之,企业数字化转型的选择取决于企业所满足的用户需求是否有重大改变,如果数字化转型并非专注于解决用户需求,那么无论做了哪些改变,用了何种数字技术,都很有可能事倍功半。例如,在对现有生产流程进行自动化、信息化处理后,要重视数据的转化应用,以全方位的数字思维设计全新的产品和服务。为了与新产品和新服务相匹配,企业应重新改造整体业务流程,包括开发自动化决策系统、客户互动和服务程序等。而为了与数字化的业务流程相适应,企业还应重新调整运营架构、组织结构和人员角色等,以更有效地支撑管理决策和产品运营。

(四) 组织结构是保障

围绕业务模式的改变,数字化转型需要企业不断消除组织和整个管理过程中的冗余层级,通过扁平化的敏捷组织结构减少数据、信息传递的阻碍,基于小型团队的分散化决策以及更广泛的连接与集合,加快资源的交互与整合。国际数据公司(International Data Corporation,IDC)提出,企业可以根据自身情况,选择数字化特别项目组或成立数字化子公司等转型组织统筹推进数字化转型,形成对业务部门跨职能的集中管控。通过成立合适的数字化转型组织,明确转型责任主体,制定合理的组织业务目标和考核激励机制,协调业务部门和技术部门,可以更有效地帮助企业统筹推进数字化转型的落地。

（五）专业人才是支撑

企业数字化转型会引起企业内部经营模式的系统性变更,需要大量的数字应用人才支持。华为和德勤发布的《中国数字化转型人才培养顶层设计报告》白皮书将数字化人才分为三类:持续推进转型变革的数字化领导者、将新技术与业务模式融合助力转型的数字化应用人才、为转型提供核心技术支撑的数字化专业人才。因此在企业数字化转型中,需要依托系统的企业数字化人才运行体系,专业技术方面需要基础程序开发人员和软件开发技术工程师,业务方面需要相应产品经理或运营人员,创新方面需要大数据专业人才,管理方面需要熟悉数字化的企业高管。

第二节　企业数字化转型的机制、模式、路径与效果

一、企业数字化转型机制

企业数字化转型不仅涉及战略管理、商业模式、业务流程等企业内部变迁,而且要受限于新兴数字技术水平、数字应用场景建设、消费者互动程度等关键因素,因此企业数字化转型绝非企业一家之事,而是有赖于政

府、消费者等各类社会主体的共同作用。企业数字化转型机制可归结为在政府推动、企业主导、消费者参与的各方作用下,企业在数字化转型维度表现出的内在组织和运行的变化规律和联系。

(一) 政府推动为基础

2022年5月召开的中央财经委员会第十一次会议强调加强信息、科技、物流等产业升级基础设施建设,布局建设新一代超算、云计算、人工智能平台、宽带基础网络等设施,推进重大科技基础设施布局建设,这些新型基础设施建设是企业数字化转型的基础,未来对于5G网络、大数据中心、工业互联网、千兆光网和云计算中心等新型基础设施的超前部署,将为数字技术与企业数字化的深度融合提供保障。另外,数据是企业数字化转型的关键要素,政府通过加强大数据监管力度,完善商业数据交易市场体系,可以推进数据开放共享、产业链上下游数据协同、数据安全保护等数据治理进程,从而让数据更好地服务于企业数字化转型。

(二) 企业主导为核心

与传统工业化体系不同,数字化体系的资源属性、竞争模式、信息结构以及价值实现方式发生了巨大变化,这要求企业主动作为,重塑商业模式、顾客或用户体验和运营流程,将消费者与自身品牌、商品和服务紧密关联起来。行业竞争业态变化、消费者需求结构变迁、数字化工具高速迭代,让传统工业化体系中企业赖以发展的成功经验逐渐失效。例如,坐店等客、销售猛推和降低促销等同质竞争时代的成功要素已然不能满足社交价值、品牌认同、社群认同等新的需求空间。如果传统企业仍然延续"供给规模经济"时代的特征进行生产经营,那更多的可能会面临淘汰。因此,许多企业根据所处行业的特点、自身资金实力、技术水平等,不断尝试数字化转型,通过建立以顾客为中心的组织文化而创造可持续变革的数字化能力。

(三) 消费者参与为条件

根据福布斯中国联合纽交所发布的《2017 中国大众富裕阶层理财趋势报告》,当前的中国尤其在一二线城市,已出现大量富裕人群,这些人群在消费商品的同时,更加注重商品背后的价值参与和情感共鸣,会主动拥抱企业数字化转型。而在新冠疫情等外部环境影响下,部分消费者被动地从线下转变到线上,为企业高效连接客户、精准识别和匹配需求、全生命周期服务客户方面提供了直接条件。换言之,消费者消费习惯、模式的数字化转变尽管给企业生存带来了挑战,但同时也为企业创造与多元价值的需求匹配的产品高溢价建立了客观环境,消费者网络外部性的增强逐步为企业带来新的增长机遇。

二、企业数字化转型模式

不同企业进行数字化转型的动力和阻力往往存在很大差异,数字化转型不能一概而论。换言之,数字化转型需要在衡量自身企业的数据应用能力、人才储备、资本实力和行业特性等数字化基因的基础上,合理选择数字化转型模式。一般可以分为渐进式变革和激进式变革。

(一) 渐进式变革

渐进式变革是指将数字技术逐步运用到营销、生产、研发、组织等各个环节的引起主体行为或业务发展转变的量变型转型。即优先从单一环节进行数字化转型试点,循序渐进,进程较缓慢。

1.具体特征

企业数字化转型是一个长期的过程,对于人力、物力、财力存在极大的消耗,风险大、见效慢。因此企业可以先从具有战略重要性且能快速产生价值的环节入手,通过局部数字化项目,再推广到其他部门或项目中,由点及面推进企业数字化转型。即立足于企业的产品服务、生产方式、管理方式和商业模式等供需两端,判断哪些环节是重要的,哪些环节是急需的,哪些环节是短期可见效的,进而对数字化转型环节进行优先级规划。

2.适用范围

该类转型模式一方面适用于所处行业相对稳定、行业壁垒暂时阻碍了颠覆者渗透的企业,另一方面也适用于自身实力较弱、资本实力偏低的中小型企业。

3.优缺点

该类转型模式的缺点在于转型过程缓慢,需要较长的时间周期,但其优点在于效果可视化(赵兴峰,2019),阶段性的成功可以建立领导者和员工数字化转型的信心,从而为最终全面转型赢得较大的时间和空间。

(二) 激进式变革

激进式变革是指将数字技术同时运用于营销、产品、供应链、管控等各个环节的引起主体行为或业务发展转变的质变型转型。即在生产端、销售端、研发端、组织结构等各个维度同步开展数字化升级,一步到位,进程较快。

1.具体特征

立足于数字化转型现状和基础,企业明确转型整体方向,制定转型整体计划,设立统一性数字化组织领导机构,针对各项环节进行全方位的数字化改造升级,重塑企业的发展战略和商业模式。最终企业对产品和服务设计、生产方式、商业模式和管理运营流程进行系统性再造,重构企业战略愿景。

2.适用范围

该类转型模式一方面适用于所处行业门槛被攻破、传统竞争优势正在被摧毁的企业,例如,零售行业中"新零售"对传统线下零售企业的冲击;另一方面也适用于所处行业稳定、自身实力足够强的企业,例如,各行业龙头企业通过在整个业务端普遍开展数字化应用,以转型升级一步到位,进一步拉开与竞争对手的差距。

3.优缺点

该类转型模式的缺点在于需要耗费庞大的成本,存在巨大的风险,但其优点也在于能迅速抓住时间与机会,重新夺回或稳固市场竞争优势。

三、企业数字化转型路径

当企业确定数字化转型模式后,要结合数据应用能力、人才储备、组织结构、资金实力等自身情况和盈利能力、市场地位等外部市场环境状况,相应选择合理的数字化转型路径。一般而言,渐进式变革既可由需求端到供给端"由外向内"进行转型,亦可由供给端到需求端"由内向外"进行转型,而激进式变革则是需求端和供给端同时进行转型,即"内外协同"。

(一)"由外向内"转型路径

绝大多数企业采用了"由外向内"的转型路径,即依托企业核心业务活动,综合评估数字化改造的资金投入、风险量化、绩效收益以及自身的承受能力,从中优先选择某一关键业务活动围绕需求端应用数字化技术,对数字化进行初步探索。如利用数字技术推动业务数据化、渠道线上化和营销数字化，通过业务数据化提升该业务活动的经营效率，通过移动终端等渠道线上化提升产品价值，通过社交平台等营销数字化积累消费者资源，从需求端入手扩大企业与消费者的深度互联。最终创新客户体验，消除客户痛点，在积累数字化转型经验和资源的同时，以需求端数字化得到的"会员用户数据"为驱动，定义相应的生产运营和组织配置，进而逐步推进生产运营和管理决策等内部环节的数字化转型。一般而言，可遵循以下路径：

1. 第一阶段（营销环节单点突破）

通过引进或自建技术团队，从销售环节入手，铺设线上渠道，打造社交平台，构建全渠道触达、数据驱动的销售模式，通过不断扩大企业与消费者的深度互联，不断积累用户数据。

2. 第二阶段（多业务环节整合打通）

通过营销数字化积累一定用户黏性后，利用数字化中台等载体设计作为接入口，将顾客、营销、服务、销售等各个环节打通，实现需求端多业务、全链条的数字化。

3. 第三阶段（生产决策数字化）

通过构建大数据统一分析平台，将多个已经实现数字化的业务环节的数据系统进行整合，将线上流量与线下流量打通，打造更具潜力的"双流量池"，并利用积累的用户数据调整或优化现行的生产决策。根据不断调整的用户需求，适时进行生产环节的数字化改造，实现智能生产、柔性制造。

（二）"由内向外"转型路径

数字技术带来了先进的组织管理方式和生产方式，因而部分企业也选择从内部供给端优先开展数字化转型,即通过数据技术提升内部生产、运营和管理的效率和准确率。依托强大的建模能力和巨大的算力进行多个环节的数据整合,积累运营过程中产生的数据并实现数据收集与分析,以多业务环节的数据孪生解决"数据孤岛"难题,驱动企业经营决策的优化与调整,进而获取数据耦合价值。如制造业企业利用智能设备替代人工,在数据打通之后,根据生产需求自动调整生产线,在同一个生产线上生产出不同的基于随时可能调整需求的不同的产品。这类转型路径的核心在于前期利用数字化来解决企业内部的降本增效问题,以提升利润空间。通过数字技术的引入提升生产运营效率和组织响应能力,中期做好品牌建设和渠道开发,提高市场对产品和企业的信任度,后期以市场为主进行资源整合,从行业拓展走向深度挖掘,最终转化为高质量的产品和服务以增强竞争优势。一般而言,可遵循以下路径:

1. 数字制造和数字设计阶段

在降本增效,企业可利用数字技术设计排产软件,对信息化流程进行改造,根据颜色、材料利用率、交货时间到物流方向等多种条件进行匹配,计算出最优的订单生产时间和订单组合批次,实现材料的最大化利用。在数字制造的基础上,企业依托前期经营收集的海量数据建立起"产品库",利用人工智能、云计算、大数据等数字技术自动完成产品解决方案,持续优化产品设计。

2. 数字营销阶段

为了进一步提高客户流量,企业可通过微信公众号导购助手、拓客神器、直播带货等多种形式实现加粉引流。通过人工智能聊天助手实现聊天转化,解决客户聊天过多问题,提升客户消费便利度与满意度;通过智能投放广告实现分配附近导购转化,充分利用数字技术创新营销模式。

3. 数字管理和数字服务阶段

为了与生产、设计、营销流程的数字化相适应，企业相应对组织结构进行优化，改变自身与合作伙伴、用户以及各部门之间的交互规则，提高管理运营效率和服务质量。

（三）"内外协同"转型路径

企业加强与消费者、供应商、竞争对手和其他利益相关者的联系和合作，建立价值网络协同生态体系。即围绕需求端和供给端，不仅聚焦于企业自身业务活动的数字化转型，还需要考虑以企业为核心的全局生态数字化转型，即整合企业与利益相关者的内外部资源，以数字化"智链"企业的打造，对上下游供应商、经销商等生态主体对外输出数字化能力，扩展数据与资源调配的边界，对企业所在的整个生态系统进行数字化赋能，带动整体行业数字化发展。在此基础上，一方面，扩大数字化边界和网络外部性，重构或升级原生态系统中的相应业务，实现企业与数字化生产能力的生产关系再造，发掘新的生态数据与潜在产品及服务增长机会；另一方面，打破企业边界，摒弃原来"转不动"的传统业务，以并购、融合、创新等跨界方式实现企业业务模式再造，寻求新的盈利模式。该类数字化转型的影响超越了企业边界，企业之间活动和产品的依赖性和互补性促进了企业间新的共享信息和资源机制的建立，以生态合力赋予客户新的价值主张。一般而言，可遵循以下路径：

1. 第一阶段（转型准备）

企业启动数字化转型研究，明确数字化转型的内涵、诊断所处行业的数字化转型现状和基础，对数字化转型进行顶层设计。通过数字化转型课程，统一企业"自上而下"高管和员工的数字化转型意识。通过成立合适的数字化转型组织，明确转型责任主体，制定合理的组织业务目标和考核激励机制,快速形成一支具有战斗力的数字化实施团队。

2. 第二阶段(转型开局)

战略规划方面,以实现业务数字化为数字化转型目标,在经营业务范围内遴选若干个重点项目,分步走,小投入,快产出,发力产品数字化,持续数字化产品创新。组织结构方面,建立"统一组织、两级架构"合作模式,以数字化转型团队为核心构建"前—中—后"的敏捷型组织,实现无感切换。业务活动方面,从营销、产品、供应链、管控各个环节精准识别企业存在的瓶颈问题,并进行相应的数字化转型。

3. 第三阶段(转型深化)

在数字化转型开展的过程中,及时弥补体制机制、文化与能力等方面存在的短板,通过总经理、领域负责人、业务部门负责人三层业务体制,逐级落实一把手负责制,并通过建立一把手考核、干部任免、薪酬分配等考核评价体系进一步压实责任。结合课程、实践、交流和活动四类方式,构建多维度的数字化能力培养体系,强化数字化文化建设,培养员工数字化能力。

4. 第四阶段(转型引领)

在满足企业自身数字化需求的同时,通过布局"共享流量平台""数字化营销平台"等通用性较强的基础性信息技术和服务,推动上下游利益相关者共同转型,积极开展与品牌商、同行友商、互联网公司、用户的合作,最终建立起以本企业为核心纽带的数字化生态。

四、企业数字化转型目标

(一) 交互规则向快速型适应性变革

相较于传统工业化体系,数字化体系的资源属性发生了显著变化。新一代数字技术改变了劳动、资本、土地、知识、技术和管理等传统生产要素的价值特征和价值创造方式,数据日益成为企业核心的战略资源。例如,在工业互联网、云计算、大数据等数字技术的支持下,跨国和跨区的劳动资源可以形成虚拟聚集和跨时区协同,涌现出外包、众包、开放式创新等各种合作模式。由此,企业拥有的资源属性表现出相对丰裕、共享和动态的特征,数据资源化和资源数据化过程中存在多种可能组合,企业规模边界与能力边界的变动方向具有很强的不确定性,最终导致数字化体系下市场供需均衡逐步被随机性或复杂性所取代。在此背景下,企业要想生存和发展,必然需要实现对员工、消费者、合作伙伴、政府等利益相关者的快速交互。

企业数字化转型实现的数字化交互能够通过可延展性、数据同质化以及产品服务和物理设备的解耦,增强连通性和多样性,重塑相互依赖关系,这允许企业所有者、用户和组件开发人员扩展新元素之间组合选项的搜索,促进企业发现新的价值创造形式。换言之,企业数字化转型启动后,基于信息耦合指数级增加连接元素数量与系统多样性,需要通过改变参与者行为、互动和范围,逐步或彻底改变相关交互逻辑。

(二) 组织结构向网格型适应性变革

相较于传统工业化体系,数字化体系的信息结构发生了质的变化。新一代信息技术为企业提供了分布式信息结构和共享式网络平台,企业内外高度协同的实时信息交互推动数字化体系下信息结构变得及时、连续、细化和完整。面对全样、动态、即时的信息交互,企业必须要实现从最微观到最宏观的连续信息的高度协同,传统工业经济时代的机械型科层组织结构已经难以适应。复杂性、动态性和不可预测性等无处不在的不确定性是数字经济时代企业面临的主要市场环境,企业规模和能力边界的模糊性都要求企业在组织架构上更加共享和开放,在组织沟通上更加迅速和精准。

企业数字化转型推动企业构建网络化、扁平化、模块化、平台化、生态化等网格型组织结构,基于平等治理规则,提高管理边界的可扩充性和可选择性,实现多主体的决策自主性和多管理区域的灵活组合,以网格型组织多层次的异构性灵活决策,应对难以预测的动态信息,以网格型组织流程驱动的基本特性协调非集中控制的资源,梳理与优化业务流程,逐步打破部门之间的"信息孤岛"状态。

（三）业务流程向集成型适应性变革

相较于传统工业化体系,数字化体系的竞争模式发生了根本变化。从基于规模经济的同行业内竞争转向基于范围经济与网络经济的跨界替代式竞争,生产运营决策涉及多种产品多个环节,这就要求企业要利用新兴数字技术对整个业务流程进行改造,在持续提升企业生产效率和技术创新的同时,通过全样、动态、即时的信息交互,实现对企业的生产运营状态更加全面和精确地研判,从而有利于形成可控预期和精准决策。

企业数字化转型以消费者需求为出发点,推动了企业的价值链集成。通过数字化技术重塑产品研发环节、生产制造环节、物流、营销等各要素各环节,打破商品生产和消费之间的时间与空间的限制,推动物流、商流、资金流、信息流、服务流"五流合一",使得企业能够实现按需生产和个性化、定制化生产,运用快速及时的供应链为消费者提供服务。业务流程的集成重构了人、货、场三者之间的关系,不仅大幅度提升了生产与流通体系的供给质量和运营效率,也让企业能够快速适应市场的多样化需求。

（四）价值实现向用户增权适应性变革

相较于传统工业化体系,数字化体系的价值实现方式发生了明显变化。新一代信息技术的应用不断突破了工业化体系中大规模制造与定制、精益制造和柔性制造所产生的规模报酬递减瓶颈,通过大数据分析与跨界合作,能够创造出产品和服务之外新的利润增长点,将单维的微笑曲线式价值实现方式转换为多维的随机价值曲面提升方式,拓展了价值实现的空间。而数字化体系下个性化、定制化、体验化成为消费者需求的重要特征,这就需要企业通过消费者"留痕"的平台将零散的信息进行大数据分析,充分提取消费者的隐性需求。

企业数字化转型催生了互联网思维,由此引发的商业模式创新构建起以消费者需求为出发点的需求识别、引导生产的联动机制,强化了消费者的实质性参与(戚聿东、肖旭,2020)。在这个过程中,市场结构由传统的垄断、竞争和竞合转为合作、共享和生态,生产者、供应商与零售商的关系由利润分成的"零和博弈"转向合作共赢"正和博弈",而其共同的目的均在于通过数字技术丰富和扩大企业与用户间交互作用范围,以不断增强的用户增权创新性地评判和预测产品和服务需求,从而有效识别创新机会,利用自我强化的变化循环持续维持市场竞争优势。

第三节　企业数字化转型发展现状及改进方向

从世界范围看,早在 2011 年,麻省理工学院数字商务中心(Massachusetts Institute of Technology Center for Digital Business)和凯捷咨询公司(Capgemini Consulting)联合开展调查研究,发现仅有三分之一的全球企业完成了有效的数字化转型。2014 年奥特米特集团(Altimeter Group)通过询问公司高管和专家,发现仅有四分之一的人能够描述清楚自身公司的数字化进程。而纵观我国数字经济的发展历程,企业变革也均经历了以信息与通信技术驱动的信息化改革、以互联网驱动的数字业务扩张，正步入新兴技术驱动的数字化转型阶段（许宪春、张美慧，2020）。在这一时期，政府出台了大量数字经济政策，众多企业积极投入转型浪潮，各行业龙头企业借助于资本、技术等优势稳步实现数字化转型布局，中小企业则受到开发投入大、研发周期长、市场份额不断被大企业侵蚀等制约面临一系列难题（胥培俭等，2020）。本章结合广东省1137家企业的问卷调查数据，对企业数字化转型的发展现状、需改进的地方进行研判。

一、企业数字化转型发展现状

（一）数字化转型战略谋划尚处于起步阶段

1.29%企业初步制定了数字化改造升级战略规划

在1137家调研样本企业中，如表3-1所示，仅有10.2%的企业制定了数字化改造升级战略规划和路线图，并已按步骤组织实施；有18.82%企业初步制定了数字化改造升级战略规划和路线图，但仍在修改和完善中；有48.90%的企业有计划制定数字化改造升级战略规划，但正在学习准备或尚未启动；有22.08%的企业既没有制定数字化改造升级战略规划，也没有启动相关工作计划。

表3-1　企业数字化改造升级战略规划制定情况

制定数字化改造升级战略规划情况	企业数量（家）	占比（%）
制定了系统规划和详细路线图并已按步骤实施	116	10.2
初步制定了相关规划和路线图但仍在完善中	214	18.82
正在制定相关规划和路线图或尚在学习准备过程中	264	23.22

制定数字化改造升级战略规划情况	企业数量（家）	占比（%）
有计划制定相关规模但尚未启动	292	25.68
既没有制定相关规划也没有启动计划	251	22.08
有效样本企业问卷	1137	100

资料来源：根据问卷调查数据，笔者整理计算得到。

2.13%企业在数字化改造升级相关领域进行投资

如表 3-2 所示，仅有 147 家占调研样本 12.93%的企业有专项预算，并已在数字化改造升级相关领域进行投资；有 369 家占调研样本 31.66%的企业有专项预算，但还没有相关的投资行动或投资计划；有 630 家占调研样本 55.41%的企业无相关投资预算或计划。

表 3-2　企业在数字化改造升级领域投资情况

企业在数字转型领域投资及准备情况	企业数量（家）	占比（%）
有专项预算，已在相关领域进行投资	147	12.93
有专项预算，计划 2 年内在相关领域进行	137	12.05
有专项预算，但尚无详细投资计划	232	19.61
有相关规划，但尚无专项预算	262	23.04
暂时无任何投资计划	368	32.37
有效样本企业问卷	1137	100

资料来源：根据问卷调查数据，笔者整理计算得到。

3. 仅有 20%企业为数字化改造升级设置了管理团队

如表 3-3 所示，有 238 家占调研样本 20.39%的企业设置了跨部门负责统筹协调的专兼职工作部门或工作团队，有 245 家占调研样本 21.55%的企业设置了部分职能工作岗位和人员，但有 654 家占调研样本 57.52%的企业没有作出相关安排或计划。

表3-3　企业数字化改造升级管理团队设置情况

企业针对数字化转型设置部门和人员	企业数量(家)	占比(%)
设置了跨部门的负责统筹协调专职工作部门	123	10.28
设置了跨部门的负责统筹协调兼职工作团队	115	10.11
设置了部分职能工作岗位和人员	245	21.55
有计划对相关架构进行调整但尚未实施	290	25.51
无相关调整计划	364	32.01
有效样本企业问卷	1137	100

资料来源:根据问卷调查数据,笔者整理计算得到。

(二)营销环节数字化转型进展效果良好

1.64%企业树立了数字化营销理念

有729家占调研样本64.12%的企业,树立了数字化营销理念;企业希望通过营销数字化升级,更好地推进客户开发、市场分析和品牌推广等工作,分别占调研样本企业的87.77%、75.29%和62.01%。这反映出企业非常关注营销的数字化升级。

2.绝大多数企业使用了数字化营销工具

企业使用的数字化营销工具包括线上展会、社交平台、搜索引擎、线上直播和短视频等,分别占调研样本企业的78.28%、52.42%、45.12%、29.88%和29.64%。这反映出线上展会、社交平台、搜索引擎是当前企业主要使用的数字化营销工具;线上直播、短视频等新式数字化营销工具,自新冠疫情发生以来也被越来越多的企业所采用。

3.48%企业开展数字化销售业务

一是近半数企业开展数字化(线上)销售业务。如表3-4所示,有512家占调研样本48.28%的企业已在天猫国际、亚马逊和其他电商平台开展线上销售业务,其中有461家占调研样本40.55%的企业还在自建平台上开展销售业务。有 449 家民营企业、55 家外资企业和 15 家国有企业等开展了线上销售业务,分别占各自企业总数的 49.56%、37.67% 和 55.56%;民营企业、国有企业开展线上销售业务的占比相对较高。

表 3-4　企业开展线上销售业务情况

	所有企业		民营企业		外资企业		国有企业	
企业数量（家）	1137	占比	906	占比	125	占比	23	占比
有线上销售企业	512	48.28%	449	49.56%	55	37.67%	15	55.56%
无线上销售企业	588	51.72%	457	50.44%	91	62.33%	12	44.44%

资料来源:根据问卷调查数据,笔者整理计算得到。

4. 企业注重提供数字化售后服务

在售后服务数字化改造升级方面,有 278 家占调研样本 26.45% 的企业通过产品拥有的开放数据接口和通信模块进行远程控制,有 247 家占调研样本 23.50% 的企业通过服务平台开展产品远程运维,有 45 家占调研样本 4.28% 的企业通过使用专家系统为产品远程诊断提供支撑。在 1137 家问卷样本中,产品需要提供售后服务的企业占比不高,也就是说企业数字化售后服务开展情况相比其他环节会更好。

（三）其他环节数字化转型进展效果较差

1. 企业管理数字化改造升级程度较低

如表 3-5 所示,有 550 家占调研样本 48.37% 的企业上了 OA(办公系统),有 458 家占调研样本 40.28% 的企业上了 ERP(企业资源计划),有 33.86% 的企业上了 CRM(客户管理系统);其他管理系统,如 SCM(供应链管理系统)、MES(制造执行系统)、PLM(产品生命周期管理)企业应用的占比都比较低;更有 21.2% 的企业没有进行任何管理系统数字化改造升级。

表 3-5　企业数字化管理系统使用情况

数字化系统名称	企业数量（家）	占比（%）	数字化系统名称	企业数量（家）	占比（%）
OA（办公系统）	550	48.37	MES（制造执行系统）	141	12.4
ERP（企业资源计划）	458	40.28	PLM（产品生命周期管理）	118	10.38
CRM（客户管理系统）	383	33.86	SCADA（数据采集与监控）	76	6.68
WMS（仓库管理系统）	245	21.55	ESP（企业服务总线）	38	3.34
SCM（供应链管理系统）	212	18.65	一个都没有	241	21.2

资料来源:根据问卷调查数据,笔者整理计算得到。

2. 企业数字化改造升级使用的数字技术较少

如表 3-6 所示,企业使用的数字化技术主要包括移动技术、大数据分析与挖掘,分别占调研样本企业的 60.16% 和 47.67%;使用物联网技术、机器人,分别占调研样本企业的 20.67% 和 10.73%,说明企业的数字化和智能化制造程度普遍比较低。

表 3-6　企业使用数字技术情况

数字技术类型	企业数量（家）	占比（%）	数字技术类型	企业数量（家）	占比（%）
移动技术	684	60.16	区域链	93	8.18
大数据分析与挖掘	542	47.67	区块链	65	5.72
物联网	235	20.67	增强现实	59	5.19
云计算	147	12.93	虚拟现实	56	4.93
机器人	122	10.73			

资料来源:根据问卷调查数据,笔者整理计算得到。

（四）战略规划与业务活动不相匹配

面对后疫情时期纷繁复杂的市场环境,越来越多的传统企业开始重视数字化转型,并逐步将数字化转型作为重要的企业战略。但是除少数行业领军企业外,多数企业对数字化转型的认识不足,如表 3-7 所示,高达 62.89%的企业缺乏对数字化转型的认识和意愿。更多企业将数字化转型简单地等同于信息化技术升级或数字智能硬件建设,单纯地进行顾客、营销数字化或进行信息化升级。

表 3-7　企业数字化总体层面情况

	企业数量(家)	占比(%)
缺乏对数字化的认识和意愿	714	62.89
员工对数字化改造升级动力不足	288	25.39
管理机制落后	229	20.14
管理者缺少企业家精神而不愿冒险	204	17.94
领导重视不够	96	8.44
有效样本企业问卷	1137	

资料来源:根据问卷调查数据,笔者整理计算得到。

企业即使认识到了数字化转型的重要性,推动数字化改造升级的意愿强烈,但也因对数字化改造升级路径把握不准而影响了数字化的转型。如表 3-8 所示,企业缺少数字化战略领导者,导致有 534 家占调研样本 46.97%的企业缺少数字化转型战略;企业缺少数字化落地推动者,导致有 354 家占调研样本 31.13%的企业不知如何有效结合业务制定转型路线图。多数企业没有结合企业自身业务,从战略层面对数字化转型进行通盘考虑和系统设计,缺乏构建数字化转型的整体框架和数字化转型的路径。

表 3-8　企业数字化战略层面情况

	企业数量(家)	占比(%)
缺少企业数字化转型战略	534	46.97
缺乏具有战略视野的顶层设计	361	31.75
不知如何有效结合业务制定转型战略规划和路线图	354	31.13
早期缺乏系统规划导致后续项目需要不断返工	148	13.02
有效样本企业问卷	1137	100

资料来源:根据问卷调查数据,笔者整理计算得到。

以上问题造成企业未能找到有效竞争的业务方向,未来愿景不明朗(在一项针对数字化营销将成为未来主要营销模式的问卷中,有571家占调研样本50.22%的企业持不确定或否定态度),难以从数字化投入中看到价值,最终出现"盲人摸象"的尴尬境地;另外,也导致企业对数字化转型业务的把握能力较弱,战略规划的重点方向与业务发展侧重关联弱,传统业务未能发生实质性变化,新业务或商业模式也无法孕育,难以真正发挥数字化建设的赋能作用。

(五) 数字技术与业务活动不相融合

很多企业在数字化转型的过程中,将大数据技术、信息化技术、数字智能硬件等数字技术的应用看作数字化转型成功的关键因素,并将大量资源和精力投入到数字技术的应用上,但是因为数字技术与业务活动"两层皮",数字技术的引进并未产生预期的效果。一方面,企业将数字化转型等同于技术的简单应用,认为只要快速部署数字技术,建设大数据平台,就完成了数字化转型目标,但这种技术必须赋能业务才能创出价值,如果数字技术的应用没有根本改变传统的业务模式,那与数字化转变的目的背道而驰。

另一方面,企业对技术升级后产生的数据资源加工利用不足,无法对企业业务产生促进作用。许多企业通过数字技术应用系统沉淀了大量数据资源,但企业内各部门之间、企业与企业之间、企业与政府之间的数据共享与融合应用存在着较大的壁垒,数据流通利用受阻,难以挖掘数据价值。在针对企业利用数据进行决策或驱动业务的问卷调研中,几乎 50% 及以上业务依赖数据的有 485 家,占调研样本企业的 42.66%,说明数据对这些企业决策和业务开展是十分重要的。但从企业规模分类问卷中,企业规模不同,利用数据决策和驱动业务的情况也不同;中小企业这一比例仅为 33.85%,中型企业这一比例为 50.66%,大型企业这一比例为 58.97%。重应用系统建设、轻数据加工分析、轻数据应用问题非常普遍。

（六）组织结构与业务活动不相协同

企业数字化转型是一个囊括技术维度、数据维度、业务场景应用维度的系统过程,这需要对组织结构进行适应性变革,但实践中很多企业的组织适应力与业务转型并不匹配。一方面,各部分业务主管并没有将数字化纳入部分业务发展重心,没有调动起作为转型主体的业务部门的参与度。具体可表现为企业成立的数字技术部门（子公司）,过分强调技术团队在数字化转型的重要性,导致数字技术部门与其他业务部门（子公司）无法融合,各组织间难以达成战略上的协同,难以集业务合力在全企业共同落实,最终导致数字技术使用效率大大降低。另一方面,尽管部分企业在通过运用各种技术推动全渠道建设获取、存储和整合数据,并尝试通过组织专业技术人员或筹建数据分析团队提升大数据分析能力,但由于各组织部门间彼此孤立、互不兼容,无数据交换,出现了"数据孤岛"局面,实际数据分析和运用效果并不理想。

此外,有 119 家占调研样本 10.47% 的企业,制订了适应不同层级员工实际需求的数字化人才培养计划；有 172 家占调研样本 15.13% 的企业，针对工作实际相关部分人群制订了数字化人才培养计划。有计划制订但尚未启动和无相关计划的企业 671 家，占调研样本企业的 58.02%；中小型企业的这一比例更高，达 63.63%。由于缺乏数字化转型人才，组织适应能力跟不上企业新业务拓展的新需求。如果组织文化陈旧、组织人员不愿试错以及员工对数字化认知不足，就会大大阻碍企业数字化新业务的推进和发展，不仅浪费了企业的资源和精力，也错失了培育竞争新优势的发展良机。

二、企业数字化转型的改进方向

（一）缺少人才是主要挑战

如表 3-9 所示，有 879 家占调研样本 77.31% 的企业认为，缺少掌握数字化知识和技术的人才是实现企业数字化改造升级面临的最大挑战。在针对企业缺少哪些数字化人才的调研中，企业缺少数字化企业战略领导者、数字化落地推动者、数字化项目经理和数字化市场营销专家等，分别占调研样本企业的 51.8%、49.08%、47.32% 和 35.36%。数字化复合型人才（既懂 IT 技术又懂业务流程、还懂企业管理的人才）的缺乏，使得企业难以制定切实可行的数字化改造升级战略、路径和措施，制约了企业数字化改造升级的质量和步伐。

表 3-9　企业数字化缺少的人才类型

	企业数量（家）	占比（%）
掌握数字化知识和技术的人才	879	77.31
数字化企业战略领导者	589	51.8

续表

	企业数量（家）	占比（%）
数字化落地推动者	558	49.08
数字化项目经理	538	47.32
数字化市场营销专家	402	35.36

资料来源：根据问卷调查数据，笔者整理计算得到。

（二）技术不够是主要瓶颈

如表 3-10 所示，有 721 家占调研样本 63.41% 的企业认为，技术不成熟是企业实现数字化改造升级面临的主要瓶颈。如传统 IT 平台和架构带来负担，供方技术无法有效贴近公司实际需求，源自多家供应商的信息系统之间无法实现数字化集成与互联互通，标准化水平低和不同品牌设备并存影响了数字采集和协同效率，定制化服务成本太高等。另外，信息化技术持续发展，在数据、云计算、人工智能、物联网等前沿技术越来越广泛地应用于企业，技术迭代更新和发展速度很快，在企业内外很容易产生技术脱节，导致企业数字化改造升级慢于数字技术发展步伐，给企业数字化转型带来很多困扰。

表 3-10　企业数字化缺少的技术情况

	企业数量（家）	占比（%）
数字化技术不成熟	721	63.41
传统 IT 平台和架构带来负担	243	21.37
源自多家供应商的信息系统之间无法实现数字化集成与互联互通	110	9.67
标准化水平低和不同品牌设备并存，影响数据采集和协同效率	118	10.38
有效样本企业问卷	1137	100

资料来源：根据问卷调查数据，笔者整理计算得到。

（三）资金不足是主要约束

有 518 家占调研样本 45.56%的企业认为,资金投入不足是阻碍企业数字化转型的主要问题;有占调研样本 54.96%的企业,还没有任何关于企业数字转型的投资计划或专项预算。导致投入不足的原因既有对企业数字化转型认识不足问题、也有人才缺乏问题、还有资金短缺的问题等。企业数字化转型是一项庞大、复杂的系统工程,投入大、建设周期长。从软硬件购买到系统运维,从基础更新到组织人力培训,覆盖企业研发、生产、营销、物流、售后、管理等各个环节,需要持续不断地投入资金,且很多投入是无形的、无法预知成效,回报周期也较长。据了解,头部跨境电商企业每年在信息化系统开发方面的投资额达数千万元,这对中小型企业来说,资金压力负担过重。

第四节　企业数字化转型的对策建议

一、制定科学的数字化战略规划

在推动企业数字化转型的开始阶段,企业要深化数字化转型的认知,规划并设计科学的数字愿景和明确的实施路线图。

1. 做好转型前期准备

围绕企业高层、中层、渠道终端、消费者进行深度访谈、摸底调研,了解公司与部门现状、行业与竞争现状、业务期待与举措、项目期待和要求,明确企业现状与行业标杆、消费者预期之间的差距。

2. 明确转型战略定位

结合自身行业特点、业务发展以及数据能力等本企业现状,对业务、管理职能、流程等变革方向作出正确的判断,明确合适的数字化转型战略定位需要。

3. 制定转型实施方案

绘制数字化战略实施路线,包括明确目标、标定范围和策划路径等,该战略实施路线要从业务痛点出发,和管理层进行深入探讨,确保实施路线与企业业务发展的关联性,形成数字化转型作战蓝图。

二、选择重点领域环节分类推进

企业数字化转型是一个持续投入的过程,先进技术、大数据开发、场景搭建都需要大量资金的投入,需要分步骤有序开展。

1. 合理选择转型模式

根据不同类型的战略定位选择不同的转型路径,激进式与渐进式需要分别采取与之相适应的转型路径。

2. 优先在重点领域环节开展

例如,零售等服务业企业可优先运用数字化工具充分触及企业目标客户,通过大数据采集和分析,精细化管理现有客户、拓展目标客户,实现营销数字化;家居等工业企业可优先通过数字化技术,根据用户需求,对产品和工艺进行数字化。在降本增效的同时,设计全新的产品和服务,为后续转型释放空间和时间。

3. 把握数字化转型的节奏

中小型企业由于力量薄弱,一般无法独自承担高额的转型成本,建议紧盯上下游供应链合作伙伴或者行业龙头企业,积极融入所处产业的数字化生态系统,利用"他转"倒逼"自转"。而大型企业具有体量优势,除了技术维度的数字化,更要注重新能力建设和业务变革,在此基础上仍要有效链接上下游合作伙伴的数字化转型进度,通过提供通用性较强的基础性信息技术和服务,带动其他企业开展数字化转型,构建自身在数字生态中的核心纽带地位。

三、建立数字化组织和响应机制

围绕业务模式的改变,传统企业相应需要在组织和整个管理过程进行调整和变革,以对业务系统进行适配。

1. 搭建敏捷性组织

根据企业自身情况,选择数字化特别项目组或成立数字化子公司等转型组织统筹推进数字化转型,强化上下一把手工程,形成对业务部门跨职能的集中管控,建立由业务主导,跨企业、跨领域一体化项目顺利落地实施的体制机制。

2. 重视数据的转化应用

一方面,注重利用数字技术构建高效获取、安全存储的产品数据库;另一方面,强化企业与企业、企业与客户、企业与合作伙伴等内外部的数据流转机制,通过构建数据分析平台或开发数据分析系统,切实加强数字技术与业务流程、组织结构之间的互动联系,防止"数据孤岛"的发生。

四、加强数字化人才引进和文化塑造

企业数字化转型最终是业务和人的转型,是数字经济时代全新思维和方法的落地,因此企业数字化转型的重要基础是人才和文化。

1. 拓展人才来源渠道

鼓励企业与高校机构合作培养人才,构建合理的课程体系,加大对数字技术专业人才和转型管理人才的培育。

2. 构建多维度的数字化能力培养体系

通过搭建员工讲堂、专家培训、组建数字化转型工作室等方式,提升企业内部成员的数字化转型意识,特别是中高层管理人员的认知,达成全企业自上而下战略上的协同,在此过程中,通过制定完善运行办法和激励机制,鼓励员工自主学习知识技能,逐步完成数字化转型人才队伍建设。

3. 塑造数据文化

领导者需要通过管理行为的设计,为员工进行数字化探索提供高支持,例如通过数据平台的搭建、数据中心的建设、数据治理的提升打破各部门间的信息壁垒,实现数据共享与管理协同,形成自驱、赋能、共生、协同的数字化环境,推动员工数据化思维、行为和技能的转化,以此向全员"植入"数字化的思想"种子"。

(本章执笔人:广东外语外贸大学国际
服务经济研究院 刘乾)

第四章　政府数字化转型理论与实践

　　近年来,随着信息技术和互联网的广泛运用,数字科学的概念深入人心,数字技术带来的变化改变了人们传统的工作和生活方式,同时对政府提供信息服务,公民参与政府民主决策的方式提出了挑战。充分利用数字技术改进政府工作方式,形成新的工作与服务,已被各国政府广泛采用。政府数字化转型是当前政府实现现代化管理服务社会的重要举措之一。对此我们结合对政府数字化转型的内涵和特点,根据其模式、路径和现状进行研究,找出其特点,力求找出一条适合我国政府数字化转型的发展道路,对此我们提出相应的技术路线图(见图4-1),按照其思路结合我国政府数字化发展进程,分析我国政府数字化转型的道路,提出相关的建议。

第一节　政府数字化转型的理论基础

一、政府数字化转型内涵和特征

（一）政府数字化转型的内涵

数字政府是指政府机构的日常办公、信息收集和发布、公共管理等工

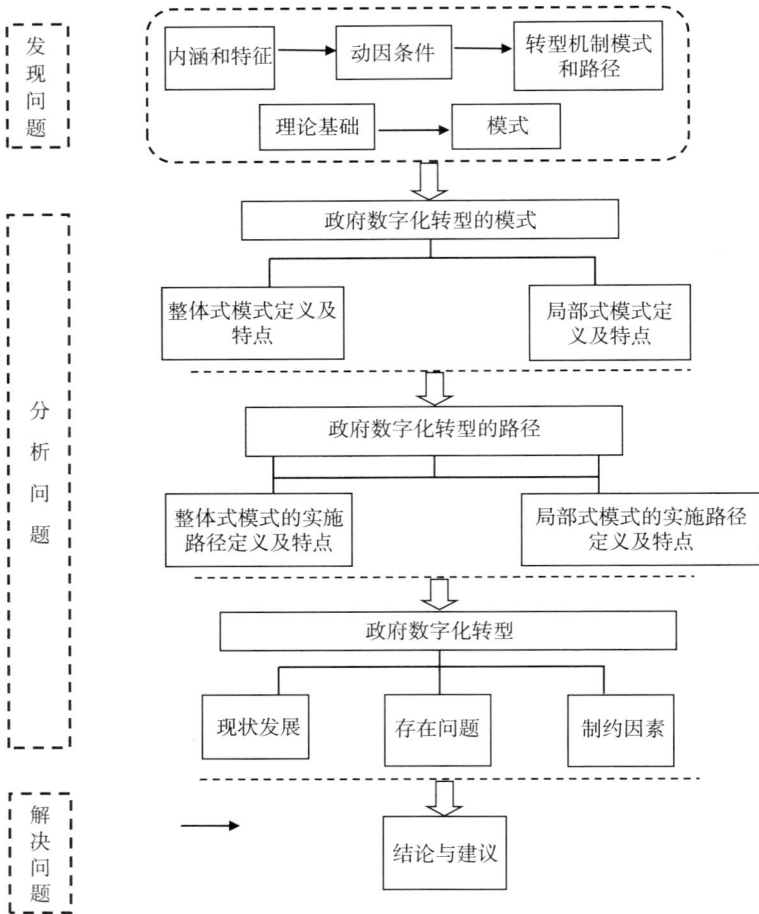

图 4-1　政府数字化转型理论与实践导图

资料来源:笔者自绘。

作,在数字化、网络化的场景下,在现代计算机、大数据、网络通信等现代技术支撑下,实现政府行政管理的一部分,是一种新型的政府运作方式,遵循"商业数据化""数据业务化"。

由于大数据、人工智能和不断成熟的移动网络、物联网、云计算等技术,人类社会所产生的数据发展迅速。各类资料已经快速发展成为核心生产数据,各国地区都在快速发展。目前,数据对各行各业的生产方式、生活方式都有很大的促进作用,各行各业都在进行数字化改造,政府也不例外。

政府的数字化转型是以通过运用信息技术,建设政府公共事务政务信息化管理架构,通过构建大数据驱动的政务新平台、新渠道,优化调整政府内部的组织架构、提高管理服务能力,提升政府在管理公共事务,社会治理等领域的服务水平,形成"用数据对话、用数据决策、用数据服务、用数据创新"的现代化治理模式。

(二) 政府数字化转型的基本特征

政府数字化转型就是政府如何使用现代数字信息技术实现政府治理的目标,为公民和社会创造更大的公共价值。具体而言,政府数字化转型的基本特征,主要体现在以下五个方面(见表4-1)。

表4-1 政府数字化转型的基本特征

特征	特征分类	影响体现
运行数字化	数字化转型	高效便捷
决策数字化	治理数字化	及时、安全、现代化
	服务数字化	前瞻性
服务智能化	服务智能化	现代化
服务普惠化	公共服务开放化	开放透明
	信息传播平等化	知情权、平等性
数据资产化	数据成为资产	战略性

资料来源:笔者整理。

1. 政府运行的数字化

政府数字化转型从现有数字化和信息化水平发展到治理的数字化。根据转型的对象和需求,改革政府运行机制,简化政府的运作职能,实现高效、便捷的管理模式。在此过程中,充分考虑数字技术以及数据的潜力。用数字化的方式给社会和公民提供优质的服务,给政府和公共服务机构提供高效的治理方式,给各级政府提供数字化服务、人性化服务和高附加值的服务,提高政府的运行机制和效能。

2. 政府决策的数字化

政府通过建章立制,逐步消除政府各部门使用数据的政策障碍。统筹协调利用政府各部门数据,推动政府数据业务发展,通过分析归纳形成决策的可能性,提升政府科学分析能力,更好地运用数据来支撑政务决策。

(1)政府治理的数字化:政府数字化转型有助于打破传统固化藩篱,加速政府数字化转型。为了达到政府职能部门的管理使用、其他公共服务机构数据、网络数据的共享使用,构建网络化、数据化、智能化的网上政府数字化平台,实现信息共享和及时更新,促进社会治理由低效向高效、被动向主动转变,消除"信息孤岛",确保社会安全稳定。

(2)政府服务的数字化:随着大数据的运用,政府广泛通过数据的分析统计,预测政府治理中的重大问题、民生问题等,政府无论是在政策制定还是公共服务的提供上,都能够通过数据的运行预测判断社会变化和公民的需求,并对此作出精准的反应和治理。政府在数字化运行下不仅做到积极地开放数据、公开信息,还积极解决问题,处理问题,从而使政府的服务具有前瞻性。

3. 政府服务的智能化

在数字化转型背景下,政府各部门数据日趋互联互通,使得政府服务管理日趋精准化,从而提高处理问题的能力。传统的农业社会和工业社会的政府职能逐渐向以数据处理和应用的智慧服务为主转变。传统政务是按业务、管理职责分别设定的,存在信息碎片化、应用条块化、服务割裂化等问题。智慧政务着力确保信息数据在政府与社会、市场及公民之间畅通,以更好的治理提供个性化的政府服务,以智能化的方式推进政府服务的现代化。

4. 政府服务的普惠化

因为大数据的使用、数字化的运用,使得政府数据、政策和文件得以公开,方便公民获取政府资源,同时互联网的普及性,又带来了政府服务的普及化。在这种政府服务的普惠化中,既包含政府服务的开放化,又包含了信息传播的平等化,使公民更具有知情权,也使社会治理更具有科学性和现代性。

(1)公共服务的开放化:在数字化转型过程中,开放政府数据,政府的生态系统就逐渐被数字化,形成开放、透明、公正的政府。在开放环境中,公民不仅有保护隐私的权利,而且还可以充分了解政府的行为和政府信息,有充分的知情权。公民可以通过数字化方式直接介入公共政策制定的过程,参与政府管理和政府决策,使得政府政策在制定和实施过程中必须做到更好地回应民意,保障公民的权益。

(2)信息传播的平等化:随着社会的进步,知情权在社会生活中越来越重要,政府信息不再局限于个别人之间,每个具备数字化处理能力的公民都可以成为信息的生产者、传播者和消费者,同时知识和信息资源都有可能在社会全体成员之间自由、平等流动。数字化时代信息传播具有平等性的特点进一步呈现出来,政府形象面临更新的挑战。信息传播不仅具有平等化的特点,而且信息传播的平等化使公民更具有知情权,这样政府在社会治理和服务中更具有科学性和现代性。

5. 政府数据的资产化

数据资产化,并没有一个很标准的定义,通俗讲就是将数据看作资产的一系列探索和尝试。由于信息采集技术的进步和信息存储成本的降低,社会生活的高频互动性越来越强,而人们日常行为的可记录性、可监控性、可预见性越来越强,数据成为公共部门协同作战的基础要素,成为一种战略性资产和不可缺少的资源。

总之,通过数字化的转型,政府更加具有开放性和透明性,而且在政府治理和服务中更具有科学性,政府能够发挥其现代化的管理水平。

二、政府数字化转型的动因和条件

(一) 政府数字化转型的动因

政府数字化转型就是把数据信息和通信技术运用到政府的职能之中,利用互联网信息技术来改革政府的结构和运行机制。政府数字化转型的动因主要体现在以下四个方面。

1. 政府服务职能提升的需要

管理体系更加注重效率和服务质量。数字化转型下政府有助于形成扁平式、网络化的组织和管理体系,这样既推进政府决策的科学性,也可提升政府的服务质量。

2. 行政业务效能提高的需要

相比较数字政府,传统政府机构业务流程复杂,办事效率低下,行政成本高。而数字化转型后的政府职能部门在处理行政事务时,大多通过高速稳定的数字技术传递信息和业务,政府的职能部门通过信息化智能化的数字技术,使各个部门之间互联互通,精简行政办事效率,行政业务效能获得提升。

3. 政府服务治理开放的需要

数字政府通过网络、手机客户端等公布政务信息,公众通过互联网和信息处理了解和参与政府的决策,并监督政府的工作,推动政府职能从

"管理型"转向"服务型",使公民能够参与社会治理,有利于政府治理水平的提高,提高政府工作效率。

4.政府注重价值追求的需要

对于政府来说,追求民生是社会治理的根本价值,公平公正则是社会治理的重要价值,数字政府的建立有助于完善实现两种价值。数字化转型的目的就是促使政府行政效率高效化、政府治理透明化,才能提升政府的服务质量,实现政府价值的最大化。

(二) 数字政府转型的条件

1.数字技术发展为数字政府转型提供了技术上的可能性

新技术发展的速度和广度,以及其对经济社会产生的影响,推动着整个人类社会的转型,人类社会进入数字经济和数字社会的时代。在数字化时代背景下,政府在社会治理中广泛采用数字技术和信息技术,从而使政府的治理水平提升到新的高度,从而推动了政府的数字化转型。

区块链作为下一代全球信用认证和价值互联网基础协议之一,被认为是彻底改变业务乃至组织运作方式的重大突破性技术,越来越受到政府的重视,并开始探索在数字政府上的应用,也是当代数字政府治理的重点方向之一。特别是在数据维护和安全保障方面,区块链技术所拥有的可追溯、不可篡改和时间戳等特征,保障了数据的统一和完善。因而在"数字政府"中具有广阔的应用前景。

5G 和未来 6G 技术的推广,为数字政府治理和城市公共管理的智能化转型和政府效能的高效化提供了有力的技术保障(见表 4-2)。

表 4-2　5G 技术与政府职能事务

行业	细分应用领域	5G 引用价值和场景
数字政府与公用事业	数字政务	数字办公、远程办公、移动办公、数据监管和审批
	城市基础设施管理	提高城市基础社会管理水平、如提高城市道路、桥梁、电力、给排水、燃气等基础设施的数据管理
	智慧城市	数字城市建设、楼房管理、环保管理
	智能安防	城市、社会和社区安防的管理水平
	智慧环保	环境保护和管理水平

资料来源:笔者自绘。

2. 数字经济规模不断扩大,催生了政府治理的数字化变革

2021 年,世界互联网大会乌镇峰会上发表了《世界互联网发展报告 2021》和《中国互联网发展报告 2021》蓝皮书。《中国互联网发展报告 2021》指出,2020 年中国数字经济占 GDP 比重达 38.6%。规模达到 39.2 万亿元,占 GDP 比重达 38.6%,并保持 9.7%的高位增长速度,成为稳定我国经济增长的关键动力。

根据《中国互联网发展报告 2021》数据显示,中国数字产业化规模达到 7.5 万亿元,不断催生新产业新业态新模式,向全球高端产业链迈进;产业数字化进程持续加快,规模达到 31.7 万亿元,各行各业的数字化水平不断提升。

数字经济对世界各国加快经济社会发展起了重要作用,成为提高国家经济地位,实现数字化转型的重要选择。5G、人工智能、物联网为代表的新型信息基础设施逐步成为全球经济增长的新引擎。数字经济规模的不断扩大,对各国社会经济发展产生重大的影响,使政府在治理过程中必然伴随经济发展的趋势,扩大治理的时间和空间,实现政府的数字化转型。

第二节　政府数字化转型的机制、 模式、路径与效果

一、政府数字化转型的机制

政府数字化转型的机制是指在数字技术发展引起系统性变革的环境下,通过政府主导、平台赋能、各方参与所形成的相互依赖、相互依存、相互作用的有机互动和深度融合的政务服务。

(一)政府主导是政府数字化转型的基石

政府数字化转型具有先导性。以政府数字化转型为先导,撬动经济和社会数字化转型。在政府的数字化进程中,政府本身既是核心主体和对象,也是引领数字技术重塑经济社会运行方式的关键执行者。所以,在政府基本规则和数字政府平台建设中,政府不能缺位。当然,政府主导并不是说政府包办数字化进程的一切事务,在政府治理现代化中,社会多元主体参与显得更为重要。政府主导是政府数字化转型的基石。

(二)平台赋能是政府数字化转型的条件

数字政府的核心是数字能力共享,其主要体现为:①信息化基础设施完备;②数据共享和整合;③电子政务服务;④数据开放。数字平台既是技术工具,又是组织机构、模式机制,其关键特征是标准、共享、服务,是建设好数字政府的重要内容,也是建设好数字平台的重要环节。数字政府

（Digital Government）是指在新的数字化基础设施建立的平台基础上，通过数据开放与应用紧密结合的新型治理平台。提供高效办公协同，对外提供优质政府，政府在平台上不断地实现数字化资源的能力化、共享化，已成为政府数字化转型的前提。

（三）各方参与是政府数字化转型的保障

在数字政府中，社会和公民参与活动产生的数据，是政府智慧化决策的重要基础。当前政府数据主要来源于政府内部各部门之间在日常行政工作和业务中获取、产生和交换的静态信息，公众和社会层面的主动参与，可以为政府提供更丰富的动态数据资源，如公众对现有社会问题的反应、对管理问题的反馈、对各种政策或制度的评价和意见等，这些数据信息，对于科学决策都有重要的意义。目前政府以静态为主的数据结构尚不能满足这一要求。公众从最初的单纯享受政务信息化服务，被动参与社会治理，到积极参与数字政府，公众参与度是提高数字政府成熟度的一个重要指标。除了公众之外，企业和社团也是政府数字化转型过程中重要的参与者，它们不仅在政府数字化中担负相应的角色，也主动承担义务。

二、政府数字化转型的模式

2012年以来，我国电子政务建设取得了显著成绩。电子政务公共服务能力不断提升，"互联网+政务服务"已在全国形成良好工作格局，为发展具有现代化水平的国家治理体系和治理能力打下了坚实的基础。结合当前我国的数字政府的建设类型，可以分成两种模式（见表4-3）。

表4-3　当前数字政府模式

模式类型	代表省份	运行特点	排名
整体式模式	广东、浙江、北京、上海等	顶层设计、整体规划、资源统筹、政企合作、管运分离	指标处于领先地位,第一梯队
局部式模式	其余省份	省会为主、侧重局部、抢占先机、弯道超车、分步实施	第二或第三梯队,部分指标处于第一梯队

资料来源:笔者自绘。

（一）整体式模式

1. 整体式模式定义

整体式数字化转型,是指用数字技术完全替代传统技术所引起的主体行为或事务发展一般方式的整体性转型,如政府治理的整体式数字化转型。目前以经济发达地区为首的数字政府先行模式,不仅是数字建设的重要先行试验区,也是数字政府建设的先行省份,担负经济建设的重任。这些省市的建设模式不仅从点到面,而且省市级层面到基层行业层面都建立起完整的数字政府治理结构。

2. 整体式模式特点

通过顶层设计、整体规划、资源统筹、政企合作、管运分离的数字政府管理体系,从而开创各具特色的数字政府建设的实施路径。

（二）局部式模式

1. 局部式模式定义

局部式数字化转型,是指用数字技术部分替代传统技术所引起的主体行为或事务发展一般方式的局部性转型,如政府治理的局部式数字化转型等。局部式数字政府模式定义以经济不发达地区主要是中部和西部地区省份为主的数字政府运行模式，以省会为主带头打造数字场景，实现数字政府新发展。由于不同省份经济发展基础不同，为了在未来的数字政府建设中领先其他省份，很多省份都利用自己的优势实现数字经济的突破，打造数字政府和社会新场景，实现弯道超车。

2. 局部式模式特点

抢占先机，侧重局部。大力抢占数字政府建设新机遇，努力打好数字政府建设新基建，规划数字政府建设格局，以省会为主带头打造数字场景，实现数字政府新发展。贵州省作为国家首个大数据综合试验区，其数字经济增速连续六年排全国第一。按照清华大学数字政府发展指数排名，贵州省排名全国第七，在省会城市中贵阳市排名全国第三，处于数字政府建设的第一梯队。

三、政府数字化转型的路径

（一）整体式转型模式的实施路径

1. 制定政府数字化转型战略规划和实施方案

在数字政府建设中首先提出数字政府改革，发布数字政府建设规划，组建数字政府政务数据管理机构，从体制机制改革入手，率先探索制度创新与技术创新相结合、政务服务与数据管理相融合的运行机制。

沿海省份和发达地区作为中国经济最发达的省份和改革开放的前沿阵地，政府将互联网思维及整体发展思维应用到政府改革领域，以"互联网思维"来指导行政改革和数字政府建设，依托现代信息技术大力发展数字政府。通过制定地方数字发展总体规划、"数字政府"改革建设方案、实施方案等一系列文件，为数字政府建设提供了强有力的指导。

2. 构建有效的政府数字化转型推进模式

各级数字政府建设从体制机制入手,构建"管运分离"的数字政府改革管理新体制,组建数据管理机构,并将其作为数字政府改革建设工作行政主管机构,由省直部门提出建设需求,由省政务服务数据管理局进行顶层设计、整合需求、组织实施、管理监督、市县指导、公共资源交易管理、政务数据资源管理。集中三大基础电信运营商和华为、腾讯公司优势资源,成立数字公司,负责数字政府建设运营。

3. 推进政府各项工作整体数字化转型

(1)在政务外部服务上推进数字化运用:在外部管理上深入实施"互联网+政务服务""互联网+监管"。按照已经明确的目标,抓好政务服务事项"网上办""掌上办"等工作;加快推进梳理部门间"最多跑一次"改革政务事项工作。创新政务方面的数字化运用。

(2)政府内部各项工作中实施数字化:在政府内实施数据赋能,通过内部的公共服务信息系统对各项经济数据及指标的运用,提升了政府决策的科学化、透明化、使政府信息公开化、公共交通智能化、市场监管数字化。如浙江省经济运行监测分析平台上4000余项数据指标、数据模型,可以精准为全省经济"把脉",为政府提供科学决策。整体式数据赋能不仅提高科学决策,也延伸到城市治理,充分发挥政府数字化转型体系化优势。数字赋能,提升了公共服务的高效化,使政府系统运用大数据、云平台等新技术,参与市场监督、法院、税务、公安、环保等,与所有部门建立了数据对接,有效破解信息孤岛等难题。

4. 推进政府数字化转型基础设施建设一体化

大力推进政府数字化转型基础设施建设一体化,目前政府协同办公平台已经在省直部门和地市全面推开,基本上所有省直单位启动了系统上云的工作,政务审批和服务效率得到大幅提升。如广东省建立了一个技术先进、安全可靠、服务完备的政务云平台,进一步降低各部门信息化建设成本、促进政府部门间的信息资源利用和协同共享,提升基础设施利用率,推动政务信息资源共享,实现业务应用快速部署,保障业务应用系统安全可靠运行,能够推动省直各部门完成新建及现有政务业务系统的有序迁移上云。其他各省建设中的数字政府运营中心均承担了方案设计以及电子政务基础设施和系统的建设运维工作等综合服务。

5. 出台政府数字化转型规制和标准

浙江省目前推出了全国第一家政府数字化转型规制标准,建立了公共数据的分级分类,数字化改革公共数据的分类等。这些规则和标准的制定,成为建设和评估政府数字化改革成效的重要依据。广东省、浙江省等地方政府政务服务数据管理局委托第三方进行了数字政府的第三方评估工作,从统筹推进机制、数字化支撑能力、数字化服务能力、创新情况、公众的参与度五个方面对数字政府建设进行评价。统筹推进机制考察各地各部门如何推进数字政府改革建设工作,包括决策领导机制、工作协调机制;数字化支撑能力主要考察数据支撑能力和基础设施支撑能力;数字化服务能力主要考察各地各部门通过数字化方式向企业和群众提供服务的能力,包括数字化服务供给能力、服务标准化能力和服务体验;创新情况主要考察部门在公共服务、数据驱动等方面的创新能力;公众的参与度则是衡量地方数字政府成熟程度的标志。

6. 完善政府数字化转型生态系统

数字化转型其核心在于数字政府生态的营造。第一,携手行业龙头,做好顶层设计。加紧布局数字政府"新基建"领域。第二,在数字化转型中要实现全方位拓展应用场景。在政府的云平台基础上,携手各级政府和各行各业共同为"数字政府"提供数据支持,拓展智慧政府、智慧城市、"智慧+"等领域的创新应用。第三,加快实现数据共享,努力建成"掌上办事""掌上办公",全面实现"移动通办""一网通办"。深化大数据应用分析,提高政府精准治理能力。第四,强化数据应用保障,加快数据的安全保障,加紧数据应用立法工作,建立信息和数据安全规范体系,从而维护政府数字化转型的生态平衡。

(二) 局部式模式的数字化转型路径

1. 制定战略规划和实施方案

各省均结合数字化转型的需要,纷纷制定相关政策和实施方案,大力推动以"互联网+政务服务"为抓手的基础工程,以推动政府数字化转型,建设人民满意的服务型政府为目标,以提高政府决策水平、社会治理能力、公共服务效率为重点,创新政务服务。抢占数字政府转型发展的先机。如《湖北省人民政府关于推进数字政府建设的指导意见》,配套出台《数字政府建设实施方案》,确立了一个总体要求、两个重要抓手、三个重大目标(政府决策科学化、社会治理精准化、公共服务高效化)及44项建设项目的工作任务。

2. 构建有效的数字化转型推进模式

各省都积极组建新的管理机构,优化顶层设计。从数字化转型推进模式着力,统筹建设全新型管理机构,推动实现政企合作,节省人力财力,提升工作效率。从省会城市出发,推进省直单位的政务数据中心整合,加强基础创新能力建设,强化网络与信息安全保障,提高政府数字服务化水平。特别是加快西部地区数字化政府的转型建设,健全电子政务制度规则体系,完备标准规范体系。目前,西部地区政府均已构建覆盖省、市、县三级以上的政务服务平台,政务服务已经逐步建立"村村通",新的数字政务创新机制层出不穷,涌现出贵州省"全省通办"、四川省"搜索即服务"等新举措,政府治理水平稳步提升,行政办公服务功能进一步强化,群众对数字化的政务服务满意度不断提高。

3. 推进政府各项工作逐步实现数字化转型

加强省市一级的外网建设,分步骤实施数字政府工作,实现从省会城市到乡村建设,推进智慧城市和数字乡村建设;从重点领域大数据应用,到提升各行各业部门信息化水平,都是分步骤实施,实行重点突破,局部发展,最终形成独特的数字政府转型模式。如贵州省是全国第一个实现了政务云系统建设在村一级,通过建设统一的政务云系统,推进政府各项工作。

4. 建设政府数字化转型基础设施

搭建完备的政务云系统,降低采购成本,将政务云系统建立在省市甚至乡村一级,如广西数字基础设施建设的重点是完善云、网、台、端建设。加快完善壮美广西政务云,建设社会经济云、人工智能云等。建设一批行业云平台、企业云平台,推动企业登台上云。加快部门与行业数据融合应用。建设好政府数字化转型基础设施,有利于实现业务迅速处理,保障政务业务应用系统安全可靠运行,从而推动数字政府服务精准化、政府决策科学化。

5. 出台政府数字化转型规制标准

各省纷纷制定本省的政府数字化转型规制标准,成为近年来政府推进工作的重要抓手,《长沙市政务数据资源管理暂行办法》是湖南省首部关于政务数据管理的规范性文件,该文件在数据规划建设、采集治理、共享开放、开发应用、安全管理等方面进行了顶层设计,给出了相关标准化、规范化的定义,明确了全市各级政务部门的职责任务。市直各单位,包括各区县、园区都可以依照该办法对数据资源进行标准化、规范化管理。

6. 完善政府数字化转型生态系统

处于局部推进模式的省份虽然没有沿海省份在政府数字化转型生态系统方面全面发展,但是有的省份在生态系统的建设方面已经进入国家第一梯队。其中最成功的代表是贵州省。处于全国数字政府建设的第一梯队,也是全国第一个将政务系统建设到村一级的省份,其生态系统的完整性远超想象。甘肃早在十年前的探索起步阶段,在中国电信的支持下就进行了信息化建设。通过以平台化战略为指引,聚焦政务、医疗、教育领域进行大平台研发和推广,先后研发出政务一体化服务、全民健康信息、区域教育云三大平台,生态系统完整齐备,遥遥领先。

四、政府数字化转型效果

(一) 数字化转型的评价

政府的数字化转型的效果,按照当前我国关于数字政府和数字中国的理解,政府数字化转型就是要创新行政管理方式,提高行政效率和决策水平,建设开放透明公正平等的服务型政府,提高经济发展水平。对此数字化转型的效果必须要达到以下几个条件。

1. 政府数字化转型的基础

任何数字化转型都需要一定的基础,否则不可能完成,政府数字化转型更是如此。因为对于数字化转型来说基础条件是转型的基石。根据研究,目前数字化转型的基础包括以下几个指标:数字战略规划、数字人才的拥有量、数字技术发达和开放程度、数字设施的建设程度。

2. 政府数字化转型的能力

要实现数字化转型离不开数字化转型的能力,只有在数字化基础条件具备的情况下,才能有效展现转型的能力,而这种能力在转型过程中通过这几个指标表现出来,它们分别是数字的决策能力、管理能力和数字服务能力。

3. 政府数字化转型的收益

政府数字化转型效果的评估可以通过政府的组织效率提高和服务效

率的提高展现出来,组织效率的提高说明了政府行政办公能力的提高,服务效率的提高说明了政府在数字化转型中服务功能得到充分展示。

（二）转型的指标体系的建立

根据政府数字化转型评估的需要,可以分为四级指标体系,如表 4-4 所示。

表 4-4　政府数字化转型指标选择

一级指标	二级指标	三级指标	四级指标
政府数字化转型效果	数字化转型基础	数字战略	1. 数字政府规划实施程度及数量 2. 数据资源规划程度及数量
		数字人才	1. 数字人才拥有量 2. 数字人才队伍结构
		数字技术	1. 人工智能大数据的应用程度 2. 数字技术的社会覆盖面 3. 政府数据的应用程度和保障程度
		数字设施建设	1. 省市县乡数字设施建设情况及普及率 2.5G 基建、大数据中心、工业互联网和人工智能建设数量 3. 多个部门政府数字化平台建设数量 4. 在线政务实名拥护规模
	数字化转型的能力	政府决策能力	1. 数字公众参与度 2. 数字技术使用程度
		政府管理能力	1. 数字公共服务次数 2. 公民投诉率 3. 公共事务完成时间量
		数字服务能力	公民参与度
	数字化转型收益	组织效率	1. 行政办公时间减少量 2. 加班程度及数量 3. 完成任务的投诉量
		服务效率	1. 公共服务数量 2. 公共服务投诉量 3. 网络服务数量

第三节　政府数字化转型发展现状及特点

一、我国政府数字化转型发展现状

（一）我国政府数字化转型阶段的划分

政府数字化转型发展经历了很长一段时间,目前,不同学者对其发展阶段的划分有所不同。根据我国电子政务的发展,基于我国政府数字化转型建设发展历程,根据数字技术的应用对政府治理变革的影响程度,学术界主要将其分为政府信息化、电子政务和数字政府三个阶段,不同阶段政府治理的主要特征有所不同。

1. 政府信息化阶段(20 世纪 80 年代至 1998 年)

20 世纪 80 年代初期,我国政府为实现政府经济管理信息化开始进行信息化建设。随着社会生活水平的不断提高,信息化建设的概念逐渐扩展到金融、电力、银行等行业中。1993 年,我国正式开展推进政府信息化工作。1996 年,国务院信息化工作领导小组成立,1997 年召开第一次全国信息化工作会议,提出了"统筹规划、国家主导;统一标准、联合建设;互联互通、资源共享"的指导性原则。在这一阶段,学术上主要是重信息化技术应用,轻政府治理研究。这一阶段谈不上数字化转型,属于政府信息化的早期阶段。

2. 电子政务阶段(1999—2011 年)

1999 年,我国实施政府上网工程,标志着进入电子政务阶段。2002 年《国家信息化领导小组关于我国电子政务建设指导意见》正式发布。随着信息化的深入推进,各省市电子政务迈上了新的台阶,政府办公开始转变为电子化、信息化、网络化和信息化。

3. 数字政府阶段(2012 年至今)

2012 年,党中央、国务院积极推动"互联网+"和数字政府建设,这一阶段,又分为前后三个时期。2012 —2015 年为第一时期,主要是宽带中国战略和物联网发展指导意见的提出,第二时期是 2015 — 2017 年,2015 年我国提出"互联网+政务服务"战略,数字政府建设成为智慧中国的重要组成部分。主要重大事件是 2015 年数博会的召开,大数据发展行动纲要的提出,2025 中国制造的提出,智能制造发展规划和两化融合。第三时期是 2017 年至今,数字经济的提出,同时提出了指挥城市和数字政府的概念。

在这一阶段政策上的支持比较明显,在学术上由于技术的巨大飞跃,特别是 5G、人工智能、云计算、区块链和元宇宙技术和思想概念的提出,部分学者开始运用上述技术对数字政府未来的发展进行了广泛的研究。

(二) 数字政务发展跃居全球领先行列

2016 年,我国发布的《中华人民共和国国民经济和社会发展第十三个五年规划纲要》中提出实施网络强国战略,加快建设数字中国。紧接着在《国家信息化发展战略纲要》中把建设"数字中国"和大力发展信息经济作为信息化工作的重中之重。《"十三五"国家信息化规划》细化了"数字中国"的建设目标。党的十九大报告提出加强应用基础研究,实施国家重大科技项目,支撑数字中国、智慧社会的建设。2017 年,习近平总书记在中共中央政治局第二次集体学习上明确指出:发展"数字中国",就是要运用大数据提升国家治理现代化水平,建设网络强国、数字政府、数字中国。2018 年,习近平总书记在首届数字中国建设峰会的贺信中强调,加快数字中国建设,就是要适应我国发展新的历史方位,全面贯彻新发展理念。2020年后加快了数字政府的建设速度,在《中华人民共和国国民经济和社会发展第十四个五年规划和2035年远景目标纲要》分为19篇,第5篇《加快数字化发展　建设数字中国》第十七章"提高数字政府建设"提出了加强数字政府建设的重要。2022年1月12日,国务院印发《"十四五"数字经济发展规划》明确了提高"互联网+政务服务"效能,提升社会服务数字化普惠水平,推动数字城乡融合发展。2022年政府工作报告也提出发展智慧城市、智慧政务、数字乡村等。

当前我国数字政府建设已经成为我国政府建设的重要抓手,持续优化营商环境的重要引擎。截至疫情前的2019年11月底,全国政府网站数量已集约至1.45万家,全国已经基本建成全国一体化在线服务平台,该平台联通31个省(区、市)及新疆生产建设兵团、40余个国务院部门政务服务平台。目前我国数字政府的在线办事服务逐步走向规范化、标准化、网络化、数据化。通过政府网站、政务服务平台、政务APP的建设基本上实现了节约政府办公成本,"让数据多跑路,让群众少跑路",方便群众网上办事,提高了政府办公效率。根据"十四五"数字经济发展规划,我国数字政府建设成效显著。数字政务发展水平仅次于美国,跃居全球领先行列。

(三) 政府数字化转型建设发展不平衡

1. 数字经济在各个省份发展的差距导致了发展不平衡

首先,中国地域广阔,数字经济发展在各个省份间有很大的差距。中国大数据发展指数按2019贵阳数博会提供的疫情发生前的数据显示,深圳市、北京市、上海市在2018大数据排名指数中位列前三。各省不仅在数字经济发展上有差距,在数字政府建设上也有较大差距。在数字化政府的建设上,我国东部发达省份的发展很好,西部欠发达省份的发展速度更快。

数字化政府建设在各省内部也存在发展不平衡的情况。以福建省为例,福州作为省会城市,在数字政府建设方面享有的权益更多,建设方面也较其他城市完善,有"数字福州"之称。而在地方城市,居民办证明、盖章等事务仍需多次前往政府部门,数字化建设水平薄弱。

部分省市指标弯道超车,例如,西部不发达省份的贵州省,虽然总体建设属于第二梯队,但是大数据建设深入基层,省会城市贵阳和部分指标处于全国前三,而且是全国第一个数字政务建设在村上的省份。根据清华大学《中国数字政府发展研究报告(2021)》在省级数字政府发展指数评估结果中,省会城市中杭州、广州、贵阳、福州、武汉进入数字政府发展第一梯队。

2. 从需求侧角度显示数字政府建设不平衡

中山大学深化商事制度改革研究课题组于2019年暑期开展了一次全国实地调研,通过分层随机抽样,实地走访24省、110市、281个区的政务办事大厅,访谈前来办理业务的市场主体,调研有效调查问卷合计8293份,从需求侧视角考察全国数字政府建设。

从需求侧的视角看,全国数字政府建设面临的主要问题是,当前数字政府需求侧建设不充分、不平衡。不充分是指,数字政府的潜在使用率为92%,实际使用率为53%,有39%的潜在需求没有得到满足。不平衡是指,在数字政府的知晓率和使用率上,全国最佳地区比全国最低地区分别高了30个和48个百分点,区域发展不均衡。

3. 基础设施建设不平衡

数字化建设是一个系统工作,除了政府参与外还有一个技术性的基础环节就是基础设施的建设。目前我国虽然在基础设施建设上取得了较大的发展,建设了信息网络基础设施,包括智能化综合性数字信息基础设施,5G 商用和应用,前瞻布局第六代移动通信(6G)网络技术储备,提高物联网在工业制造、农业生产、公共服务、应急管理等领域的覆盖水平,增强固移融合、宽窄结合的物联接入能力等。但是按照我们对于数字政府的理解,政务服务要实现村村通,目前很多省级政府均已构建覆盖省、市、县三级以上的政务服务平台,但是离政务服务"村村通"尚有一段距离,而且各省市在基础设施建设上没有形成统一的规划体系。

（四）数字政府社会治理精准化有待加强

在中央、地方各级政府中,数字化治理的典型案例是国务院"互联网+政务服务"改革,广东省"粤事粤易"掌上服务体系,浙江省"顶多跑一趟改革",北京市"即办即接即办"改革,这些都是非常突出的。《国务院办公厅关于进一步优化地方政务服务便民热线的指导意见》于2021年1月6日正式公布,标志着未来我国数字政府的发展,政务热线已经成为不可或缺的一部分。

政府数字化转型强化各政府机构基础信息的采集和使用力度,使数据处理能力获得极大的提高,精准管理和社会治理需求上取得了一定的成就。但是也存在一些问题,例如数据可使用性,政府数据流动性、数据开发利用率影响了社会治理的精准化。

二、政府数字化转型的特点

（一）数字经济发展成为政府数字化转型的关键因素

在数字经济的影响下,政府市场、企业都逐步发展成为重要的服务提供者。数字经济条件下,将支持和引导公共服务供给主体广泛参与新型智慧城市和智慧社会创新应用建设,充分释放政府主导、政企合作、社会参与、市场化运作的多元治理模式红利,为社会创造更多优质便捷的公共服务。数字经济对数字政府公共服务供给端、消费端和管理端的影响巨大的。不同国家之间的数字经济发展水平不同,对政府数字化转型影响也不一样。数字政府带来的公共服务变革,加快推动政府公共服务进一步发展,从而实现政府服务普惠化。我国目前在数字经济发展上仅次于美国处于世界第二的位置,所以我国的数字政府的建设发展也处于世界前列。从全世界来看,数字经济发展强的国家,数字政府建设也相对强。

（二）数据的安全保障提高数字化转型的可靠性

数字政府的建设已经成为提升国家治理能力现代化的重要战略举措和推进服务型政府建设的有力抓手。数字政府作为超级数据平台,在处理和维护数据运营上,面临巨大的安全威胁和风险,如金融数据、政府数据、个人信息数据都有可能失窃和被盗。国家作为数据安全和个人信息权益的守护者,在现实生活中政府必须依法行政,不能无限制收集数据和个人信息,另外,政府要积极履行监管职能,维护数字经济中数据共享流通秩序和数据安全,保障个人信息权益。当前我国刑法修正案、数据安全法已经对数据和个人信息处理的基本规则、权利归属、安全义务和法律责任作出规定。数据安全和个人信息保护的法定义务以及具体制度需要外部监管制度来保障落实。面对庞大的数据,政府对此必须严格监管。

（三）人力资源有助于支撑数字化长期创新

数字化进程正在以惊人的速度铺设开来,新一代数字化技术正颠覆着人类的生产和生活方式,数字化转型已经成为政府、企业和社会发展的核心战略。当前我国数字化人力资源缺乏,难以赶上数字化转型创新的步伐,主要表现在两类:第一,数字化人才队伍缺乏,在政府中具有数字化水平和知识结构的人才总体数量较少。第二,数字化人才处理能力不足,政府数字化转型过程中要求政务服务人员不仅具有较强的政治素质和管理能力,还要拥有较强的信息化系统建设能力,掌握数据安全知识,这无疑对政府工作人员的能力提出了更高要求。

政府数字化转型带来的不仅仅是政府机构的变化,也带来了数字化创新的变化。政府数字化转型归根结底在于拥有大量的人力资源,只有这样才能保证数字化长期创新。

第四节　数字政府建设的对策建议

一、加强数字经济的发展

从 2017 年数字经济首次写进政府工作报告开始,2019 年、2020 年、2021 年、2022 年、2023 年连续五年的政府工作报告中都写入了数字经济的发展内容。2022 年以来党和国家就加快数字经济的发展促进数字政府的建设提出了一系列重要措施。

二、推动数据资源开发利用

大力推进公共数据资源有序开放,构建开放共享的数据资源体系。在公共数据资源目录管理框架下,构建公共数据开放和动态更新机制,推动公共数据依法有序开放。完善数据开放标准规范,提升公共数据开放质量和应用水平。健全公共数据定向开放、授权开放管理制度,优化平台功能,加强平台运营管理。

努力探索数据资源开发利用模式。建立省政务大数据中心对市场主体的数据服务规则,一方面满足市场主体对公共数据资源的应用需求;另一方面引导市场主体探索开发利用公共数据资源,使公共数据的开发达到较高的利用率,鼓励自然人、法人、掌握数据的非法人组织提升社会数据的发展和利用水平,并与政府进行合作。

推进数据资源融合应用。选择合适的典型业务场景,结合市场主体对公用数据的应用要求,促进公用数据和社会数据的融合应用。探讨数据因素标准化试点和分阶段的可行的数据融合方式。加强数据的品质与规范,使得资料产品的品质更为丰富。引导各地级以上市在公共数据与社会数据融合应用方面逐渐扩大,促进数据资源集成应用,从而形成示范驱动效应。支撑工业企业建设数据汇聚平台,提高数据分级管理能力,促进数据充分利用,整体流转,有序共享,实现多源异构数据的集成与汇聚。

强化应用和数据安全保护。围绕身份鉴别、访问控制、安全审计、通信完整性、通信保密性、抗抵赖等方面,完善应用安全体系,保障应用全生命周期安全。加强政务信息系统的数据资产梳理,定期开展数据安全风险评估,全面深入探查数据安全底数。对数据按照不同维度进行分类分级管理,建立覆盖数据全生命周期的数据安全防护框架,基于零信任体系对数据活动进行精细化动态访问保护。探索通过结合多方计算、同态加密等技术,解决数据共享中的隐私保护问题,实现数据"可用不可见"。强化数据安全监管,建立健全数据安全治理体系,提高数据安全保障能力,保障公共数据及隐私安全。

三、加强政府数字化人才队伍建设

随着各国对数字经济发展的加强,全球对以计算机科学、软件工程、人工智能、数据科学和电子工程等学科为背景的数字人才需求增强。在未来几十年里，数字人才之争，将成为综合国力竞争中的基本人才指标。为抢抓数字化转型的发展机遇，政府可在以下几方面发力，切实加快推进数字经济人才队伍建设。

出台政府政策，补齐大数据和数字化人才短板，推动数字化人才队伍建设，有的省份出台政策比较早，如贵州省贵阳市制定出台了《贵阳国家高新区大数据人才精准培训试行方案》，从素质能力、培训机构、校企合作、引才活动等方面给予支持奖励，助力数字人才队伍壮大成长。

出台专项引智引才计划，对计算机科学、软件工程、人工智能、数据科学和电子工程等技术学科为背景的典型数字人才需求出台专项引智引才计划，大力吸收一批数字化人才，为政府提供数字化服务。近年来全国各地都相继出台相关的高层次人才引进计划，采取给予补贴、住房、晋升等优惠政策为职工谋福利，以期更好推动数字经济发展，实现数字化人才的招聘。

鼓励技术提升。结合每年省市数字化人才职称评选工作，推荐辖区数字化人才开展职称申报，从而可以快速累计获批数字化职称人力资源数量。引进 NIIT 开展大数据人才培训，发放 NIIT 工程师证书。

四、健全法规制度体系

完善数字法律，夯实数字法治政府建设的法律基础。一方面，扎实推进国内数字经济法治建设。重视数字经济、数字社会、数字政府领域的立法，建立健全运用互联网、大数据、人工智能等技术手段进行行政管理、政府治理的法律规则，为新业态、新模式、新监管提供有力法治保障。另一方面，积极参与国际数字规则制定。对于涉及互联网经济发展、互联网平台监管、个人信息保护等数字领域的国际规则和标准制定,积极推进全球治理变革,努力构建人类命运共同体。

同时,地方政府在政务服务职责、政务服务事项、政务服务运行、线上线下融合、政务服务保障、政务服务监督等方面,规范政务数字化服务行为,加强政务数字化服务监督管理。不断完善政务数字化服务配套制度建设,提升政务数字化服务便利化、规范化水平。

健全数字政府改革建设配套制度。如广东省完善"粤系列"平台管理规范,制定完善电子证照、电子印章、电子签名、可信身份认证、电子档案等方面的配套制度,为在线政务服务提供有力支撑。健全数字政府知识产权保护制度,加强数字政府建设中创新成果的知识产权保护。清理不适宜的行政规范性文件,为政府数字化转型提供制度保障。

(本章执笔人:广东外语外贸大学国际

服务经济研究院　孙波)

第五章　消费者数字化转型：
理论与实践

　　数字化转型作为数字经济发展的重要着力点，以云计算、大数据、人工智能等数字技术为抓手，广泛赋能消费领域，使得消费者个性化、定制化、体验化及动态化消费需求逐渐显性化，加速了消费者数字化转型进程。作为拉动经济发展的"三驾马车"之一的消费已受到数字化转型深刻影响。国家统计局数据显示，2022 年我国最终消费支出对经济增长贡献率达到 32.8%，拉动国内生产总值增长 1.0 个百分点。2020 年，国务院办公厅发布《关于以新业态新模式引领新型消费加快发展的意见》，强调要发展新型消费并高度重视其关键作用。在经受新冠疫情肆虐和地缘冲突爆发双重冲击下，世界经济下行压力骤增，我国要加快构建以国内大循环为主体、国内国际双循环相互促进的新发展格局，要更加注重发挥国内消费需求对我国经济的正向刺激作用。因此，要加速推动传统消费者数字化转型以及满足固留现有数字化消费者，充分释放消费者数字消费潜力，以数字消费重塑、提振中国消费市场。

　　本章内容对消费者数字化转型的理论与实践内容分四节进行梳理分析：第一节，从消费者数字化转型背景、动因和内涵以及表现形式四方面探讨了消费者数字化转型的理论基础。其中，消费者数字化转型诞生于国家宏观政策(如数字经济发展政策和消费领域数字化发展相关政策等)驱动之下、数字新技术支撑之下、企业新型模式反推之中以及新冠疫情肆虐倒逼之中的背景下;同时,消费者信息获取环境变化、消费成本降低和消费效用提升以及消费保障增强推动消费者开启数字化转型进程;因而,消费者数字化转型中表现出消费者角色变迁(交易主体、生产要素供给主体、数字消费内容生产主体和数字营销触达主体)、消费者行为改变(如消费行为个性化、特色化和多元化更为凸显、不确定性增强和更主动非物质式与多形式消费)和消费环境演变(绿色健康可持续成为消费主流、消费安全得以保障、和谐共享消费氛围成为大势)等内涵特征;也呈现出两大表现形式(线下向线上转型、线上与线下融合)。第二节,深入研究消费者数字化转型机制、模式并提出消费者数字化转型路径,以及构建消费者数字化转型效果评价体系。其中,消费者数字化转型机制分为:一是企业引导是消费者数字化转型的前提;二是消费者参与是消费者数字化转型的核心;三是政府护航是消费者数字化转型的保障。消费者数字化转型模式分为主动式、顺应式和被动式三大类。此外,消费者数字化转型路径也相应分为主动式、顺应式和被动式,并从基础指标、能力指标、效果指标三个维度构建转型效果评价体系。第三节,研判分析消费者数字化转型发展现状,提出消费者数字化转型发展现状主要表现为消费者数字化转型基础持续夯实、消费者数字化消费规模持续扩张和消费者数字化主力群体强势崛起三方面。此外,从企业、消费者和政府层面提出可改进之处。第四节,针对数字化转型存在问题,提出消费者数字化转型发展对策建议:一是企业需牢固树立并践行企业自律准则;二是消费者需加深消费者数字化转型实践认知;三是政府需优化消费者数字化转型宏观环境(见图5-1)。

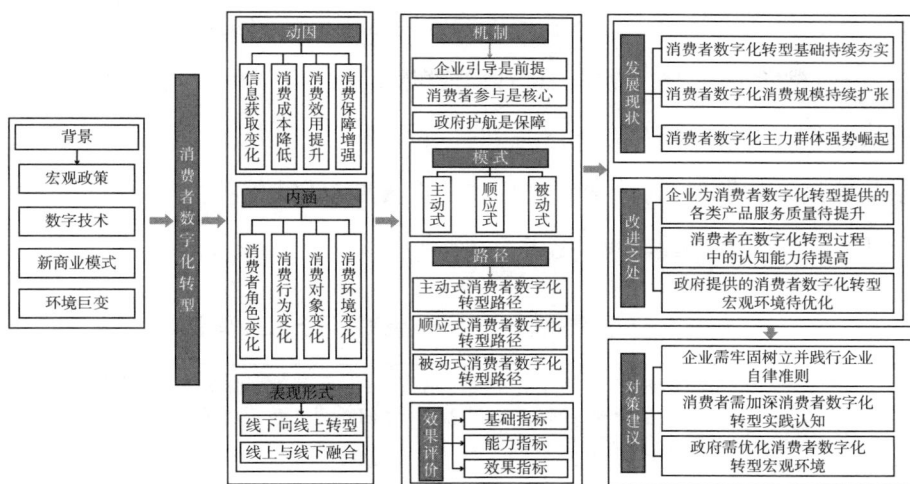

图 5-1　消费者数字化转型:理论与实践导图

资料来源:笔者自绘。

第一节　消费者数字化转型的理论基础

一、消费者数字化转型背景

(一) 国家层面:宏观政策驱动消费者数字化转型

1.数字经济政策夯实消费者数字化转型数字技术基石

如习近平总书记在 2022 年第 2 期《求是》杂志刊发的重要文章《不断做强做优做大我国数字经济》,文章强调要加快 5G 网络、全国一体化数据中心体系和国家产业互联网等智能化综合性数字信息基础设施建设;《"十四五"数字经济发展规划》明确信息网络基础设施优化、全面深化重点产业数字化转型、打造智慧共享的新型数字生活等专项工程;以及2022 年 2 月,国家发展和改革委员会、工业和信息化部等四部门联合印发关于同意在京津冀、长三角、粤港澳大湾区等8地启动建设国家算力枢纽节点,规划10个国家数据中心集群,"东数西算"工程吹响数字基建稳增长号角。中央政府出台的一系列政策均强有力地促进了数字经济和数字基础设施的发展,为消费者进行数字化转型提供数字化技术设施,有效推动了消费者数字化转型(见表5-1)。

表5-1　与消费领域相关的支持数字经济发展举措

实体经济数字化融合	加快传统产业数字化转型,布局一批国家数字化转型促进中心,鼓励发展数字化转型共性支撑平台和行业"数据大脑",推进前沿信息技术集成创新和融合应用
持续壮大数字产业	以数字核心突破为出发点,推进自主创新产品应用。鼓励平台经济、共享经济、"互联网+"等新模式新业态发展
促进数据要素流通	实施数据要素市场培育行动,探索数据流通规则,深入推进政务数据开放共享,开展公共数据资源开发利用试点,建立政府和社会活动的大数据采集形成和共享融通机制
持续深化国际合作	深化数字丝绸之路,"丝路电商"建设合作,在智慧消费、电子商务、数据跨境等方面推动国际对话和务实合作
发展新型消费基础设施	制定加快新型基础设施建设和发展的意见,实施全国一体化大数据中心建设重大工程,布局10个左右区域级数据中心集群和智能计算中心。推进身份认证和电子证照、电子发票等应用基础设施建设

资料来源:《"十四五"数字经济发展规划》。

2. 出台消费领域数字化相关政策,构建消费者数字化转型环境生态

2020年2月,国家发展和改革委员会、财政部和商务部等23个部门联合印发《关于促进消费扩容提质加快形成强大国内市场的实施意见》,强调要加快"智能+"消费生态体系构建,鼓励线上线下融合发展,大力发展"互联网+社会服务"消费模式,建设更多智慧商店、智慧街区和智慧商圈。《"十四五"商务发展规划》提出,培育以信息技术为手段,以多业态聚合、多场景覆盖为特征的新型消费,鼓励定制化、体验化和智能化等消费新模式发展,打造消费新增长点。上海市聚焦深化消费领域数字化转型提出三项措施,其中与消费者息息相关的内容包括:加快推动生活服务数字化,鼓励在线服务消费、无人零售和无接触配送等新型消费发展;扩大优质消费品进口,鼓励开设跨境电商实体体验门店等(见表5-2)。

表5-2　2016—2021年消费领域相关政策文件

时间	名称	发文单位	内容
2016.11	《关于推动实体零售创新转型的意见》	国务院办公厅	加强互联网、大数据等新一代信息技术应用,大力发展新业态、新模式,支持企业运用大数据技术分析顾客消费行为,支持企业开展服务设施人性化、智能化改造
2018.9	《关于完善促进消费体制机制　进一步激发居民消费潜力的若干意见》	中共中央、国务院	升级智能化、高端化、融合化信息产品,重点发展适应消费升级的中高端移动通信终端、可穿戴设备、超高清视频终端、智慧家庭产品等新型信息产品,以及虚拟现实、增强现实、智能汽车、服务机器人等前沿信息消费产品。创新发展满足人民群众生活需求的各类便民惠民生活类信息消费。推动基于网络平台的新型消费成长,优化线上线下协同互动的消费生态
2019.7	《关于推动便利店品牌化连锁化发展的工作通知》	商务部办公厅	支持连锁企业应用云计算和人工智能等技术,建立由消费大数据驱动商品采购、库存管理、订单管理等全过程高效协同的智慧供应链,提高运营效率;推广自助结算、扫码支付、刷脸支付等支付技术,鼓励采用数字货架、电子价签、无线射频等商品管理技术,提升服务智能化水平,优化消费体验
2019.8	《关于加快发展流通促进商业消费的意见》	国务院办公厅	引导电商平台以数据赋能生产企业,促进个性化设计和柔性化生产,培育定制消费、智能消费、信息消费、时尚消费等商业新模式
2020.2	《关于促进消费扩容提质加快形成强大国内市场的实施意见》	国家发展改革委等部门	加快构建"智能+"消费生态体系,鼓励线上线下融合等新消费模式发展,大力发展"互联网+社会服务"消费模式。加快新一代信息基础设施建设,加快5G网络布局,推动车联网部署应用,推进信息进村入户。建设更多智慧商店、智慧街区和智慧商圈

时间	名称	发文单位	内容
2020.7	《关于支持新业态新模式健康发展激活消费市场带动扩大就业的意见》	国家发展改革委等部门	加快转型升级,拓展融合深度。深入推进各行业各领域数字化转型,着力提升数字化转型公共服务能力和平台"赋能"水平,推进普惠性"上云用数赋智"服务,增强转型能力供给,促进企业联动转型、跨界合作,培育数字化新生态,提高转型效益
2020.9	《关于以新业态新模式引领新型消费加快发展的意见》	国务院办公厅	加快推动线上线下消费有机融合:创新无接触式消费模式,探索发展智慧超市、智慧商店、智慧餐厅等新零售业态。支持互联网平台企业向线下延伸拓展,加快传统线下业态数字化改造和转型升级,发展个性化定制、柔性化生产,推动线上线下消费高效融合。引导实体企业更多开发数字化产品和服务,鼓励实体商业通过直播电子商务、社交营销开启"云逛街"等新模式。组织开展形式多样的网络促销活动,促进品牌消费、品质消费。积极开展消费服务领域人工智能应用,丰富 5G 技术应用场景,加快研发可穿戴设备、移动智能终端、智能家居、超高清及高清视频终端、智能教学助手、智能学伴、医疗电子、医疗机器人等智能化产品,增强新型消费技术支撑。安全有序推进数据商用,破除数据壁垒和"孤岛",打通传输应用堵点,提升消费信息数据共享商用水平,更好为企业提供算力资源支持和优惠服务,探索发展消费大数据服务
2020.10	《近期扩内需促消费的工作方案》	国家发展改革委等部门	在做好常态化疫情防控基础上,开辟服务消费新模式;加大旅游宣传推广,鼓励加强各地与电商平台合作;增强社区生活服务消费;培育信息消费新习惯,培育各类以信息技术为依托的消费新业态
2021.3	《中华人民共和国国民经济和社会发展第十四个五年规划和 2035 年远景目标纲要》	国务院办公厅	加快数字化发展,建设数字中国,构筑美好数字生活新图景。推动购物消费、居家生活、旅游休闲、交通出行等各类场景数字化,打造智慧共享、和睦共治的新型数字生活

续表

时间	名称	发文单位	内容
2021.10	《关于推动生活性服务业补短板上水平　提高人民生活品质的若干意见》	国家发展改革委	推动服务数字化赋能,加快线上线下融合发展、推动服务数据开放共享

资料来源:笔者整理。

(二) 技术层面:数字技术支撑消费者数字化转型

1. 数据等新生产要素赋能消费者数字化转型

近年来,随着全国数字产业基础大幅加强,数据呈现爆炸式的指数级增长,计算能力快速提升,推动着劳动、资本、土地、知识、技术和管理等要素互联互通,持续发挥着在生产力发展和生产关系变革中的推动作用,推动消费者数字化转型(陈兵,2019)。例如,消费品企业可利用丰裕的行业数据、消费数据构建与消费者的链接,通过场景、互动、链接、体验、定制来洞察消费者需求,最优化企业资源配置,基于敏捷感知和生态服务满足现有需求和创造新需求,推动消费者数字化转型发展(柳进军,2021)。

2. 云计算、大数据等数字新技术赋能消费者数字化转型

随着数字新技术加速迭代、日趋成熟,一方面,数字技术能够链接起消费者和消费品企业;另一方面,数字技术能够为消费品企业进行数字化转型提供技术支撑。以 5G 技术为例,其所带来的新模式、新场景、新产品、新体验及新服务,将赋能消费者迈入数字化时代(见表5-3)。5G 数字技术所带来的新模式是利用 5G 万物互联的特点——可以更广泛地连接分散或跨地区的产品、消费者和供应商等,将对整个产品生命周期的全链路数字化起到重要的推动作用。同时,对数据传输、交互、与现有商品

流通模式等方面产生重大的影响和变化。在线下模式创新中,5G 技术到来后,可以为非标商品提供更多维度的信息展示形式,以赢得消费者的信赖;5G 数字技术赋能消费的场景包括虚拟门店、从消费者到生产者(C2M)、增强现实(AR)购物和线下数据采集等。

表 5-3　5G 赋能消费板块

新模式	5G 网络具有万物互联的特点,可以更广泛地连接分散或跨地区的产品、消费者和供应商等,将对整个产品生命周期的全链路数字化起到重要的推动作用。同时,对数据传输、交互、与现有商品流通模式等方面产生重大的影响和变化。在线下模式创新中,5G 技术到来后,可以为非标商品提供更多维度的信息展示形式,以赢得消费者的信赖
新场景	利用 5G 特性,借助 AR、VR,将空间无限延伸,打造虚实结合的购物新场景。与此同时,包括智能家居设备、车载设备、可穿戴设备在内的新型购物终端将进一步普及,有望成为新的流量入口
新产品	应用 5G 技术与 AIOT 结合,从产品设计、产品研发以及产品智能化方面,给消费者更合适的产品。实现了智能协同优化和智能分析计算等功能。通过 5G 传感器和设备,使海量数据的采集和大规模运算能力得到提升,进一步优化人工智能能力,使智能产品更具智能化
新体验	借用 5G 网络,支持海量设备的互联,使大量数据在终端和云端之间高速流动,可以更充分地利用云端的计算能力赋能 AI,使消费者在选购商品或享受服务时,获得多种新奇体验
新服务	5G 提供了高度可靠的网络连接,将加快无人配送、远程操作等新业务落地。专属化的一对一服务、虚实结合的远程加近端服务将成为新常态。无人化技术包括传统的工业自动化技术,以及新兴的无人驾驶、远程监控、"遥操作"等技术。5G 技术一方面能够创造新的服务机会,另一方面能够让已有的服务降本提效

资料来源:《5G 零售行业应用白皮书》。

3. 元宇宙产业发展加速消费者数字化转型

随着智能终端普及、电商、短视频等应用兴起、5G 基础设施完善均加速了全社会的数字化转型。同时,新冠疫情持续肆虐引发新消费习惯,促进了社交生活虚拟化。这一机遇下,元宇宙概念产业与技术领域加速发展将驱动社交、游戏、内容市场变革;虚拟现实(VR)设备用户群体增加,为 5G 丰富了消费端应用场景;以及元宇宙为虚拟现实技术、云游戏提供大量内容等。因此，元宇宙将成为消费市场数字化营销、与消费者互动的重要渠道，将倒逼消费品企业进一步与数字化、科技化融合，提高数字产品与服务的供给能力，加快消费者数字化转型进程。

（三）企业层面：新型商业模式构建反推消费者数字化转型

在全球数字化转型背景下，为更好适应数字经济环境和应对市场环境变化，消费品企业通过新一代数字化、网络化、智能化技术与传统管理模式、业务模式、商业模式相结合，重构以消费者为中心的产品开发和创新模式，挖掘消费者需求，制定消费者画像，匹配相应的产品和服务。以对消费品企业最为关键的产品为例，基于消费者洞察，企业可利用数字化平台和工具加速产品创新，为消费者带来更多元化的新产品，特别是成熟的消费品企业可更多地采用数字化新模式加速新品上市流程（韩佳平、李阳，2022）。例如，在新品预测阶段，企业可以利用谷歌爆款发现器所运用的人工智能技术帮助其掌握流行趋势；在概念测试阶段，企业可通过天猫新品创新中心的全局仿真系统，将新品制作的模拟宝贝详情页面定向发送给精准人群，还可以通过该系统模拟出尽量真实的购物环境以获取消费者的真实购买意愿；在产品落地阶段，企业可通过天猫 U 先平台进行小规模试销，让消费者申请样品试用以帮助企业根据消费者反馈及时调整产品。通过上述商业模式的变革，不断满足消费者个性化的需求，释放消费者数字化消费潜力，反向助推消费者数字化转型发展。

（四）环境层面：环境巨变倒逼消费者数字化转型

2020 年新冠疫情全球肆虐，为消费者数字化转型发展带来新机遇（范亚辰、谭静，2020）。一方面，疫情影响民众正常的消费活动，数字化的消费为居家民众提供了便捷、无接触式消费体验，并在生活、工作、学习、娱乐等各个场景里不断加深数字化程度,线上与线下消费多渠道全面融合,消费者行为高度数字化,数字化的消费需求持续增长,进一步推动消费者数字化转型。另一方面,从需求端看,疫情使我国社会消费增速放缓,消费品企业均遭受或大或小影响,引发消费品企业对"数字化转型"的重视。同时,新冠疫情促使数字基础设施建设完善,推动着数字化新工具的改造升级和推广应用,从供给端支撑消费者数字化转型。

二、消费者数字化转型动因

(一) 消费信息获取的变化刺激消费者数字化转型

数字技术对生产生活领域的全覆盖,使得消费者在线上快速搜索产品与服务信息和便捷下单购买成为现实,改变了传统信息获取烦琐的窘境。数字媒体全面覆盖以消费者为中心的数字空间和物流空间,数字化传播使得消费者信息获取触点更趋多元化,信息获取范围更趋扩大,改变了传统消费者信息不对称的劣势地位(徐靖琳,2021)。因此,消费者信息获取的变化使得消费者既可以通过借助数字技术主动开展有效信息获取活动,又可以通过数字化传播形式拓宽信息获取渠道,提高消费者关于产品与服务信息的透明度,刺激消费者数字化转型(Savolainen,2006)。

(二) 消费成本的降低驱动消费者数字化转型

数字化消费突破传统消费时空界限,消费者可利用碎片化时间在线上平台搜寻满意的产品与服务,降低消费成本(林晓珊,2022)。例如,消费者可利用上下班通勤时间,通过淘宝、京东等线上平台完成产品搜寻、筛选、下单、支付等一系列活动,大幅降低传统购物所需的时间成本,又实现自身消费的满足。数字时代消费掌握市场主动权,消费品企业建立以消费者为中心的商业模式,研发生产始终立足于满足消费者个性化需求,这将使得消费品企业产品库存率降低,库存成本降低,从而产品价格降低,消费者消费成本也进一步降低。因此,数字化消费使得消费者消费成本降低,激励消费者开启并不断踏上数字化征程。

(三) 消费效用的提升推进消费者数字化转型

当消费者确认所需产品与服务品类时,消费者可利用线上平台搜寻目标产品与服务,同步实现高品质与低价格,提升消费效用(杜丹清,2017)。例如,当消费者确认购买一根项链时,可通过淘宝、京东等平台"搜索"一栏填入"项链";然后,点击"筛选"功能栏,选中偏好的"折扣与服务"、"价格区间"、"发货地"、"品牌"以及"风格"等信息,即可缩小消费者搜寻范围,获取价格低廉且品质卓越的项链,提升消费者消费效用。

(四) 消费保障的增强夯实消费者数字化转型

数字化消费中确认收货期限的存在使得消费者进行数字化消费更加安心。例如,消费者在淘宝、京东等线上平台进行消费活动时,所购买的产品与服务拥有 15 日收货期限。在消费者未主动确认收货或收货期限未截止时,平台或消费品企业均无法获取交易金额,确保消费者处于消费交易中的主导地位,使得其进行数字化消费更加安心。因此,消费者数字化转型进程步伐更加铿锵。

三、消费者数字化转型内涵

在数字经济时代,伴随着 5G、云计算、大数据、人工智能等数字化新技术迭代升级并广泛运用于消费领域,消费者开展线上消费活动成为可能,开启了消费者数字化转型进程(马玥,2021)。消费者数字化转型是对传统消费者的革新升级,是指互联网和新一代数字技术全方位、深层次应用于消费领域,所引发的关于消费者消费理念、消费方式、消费工具及消费内容等诸多变化的总和。同时,在消费者数字化转型中,传统的"发现"—"兴趣"—"选择"—"购买"—"评价"模型已不再是消费者购买路径。其中,"评价"已经成为相关消费者消费决策依据。本部分将从数字化转型下消费者角色、消费者行为及消费环境三个消费者数字化转型关键变化,对消费者数字化转型内涵进行阐释。

(一) 消费者数字化转型下的消费者角色变化

对于传统消费者而言,其购买产品与服务以满足自身需求或家庭需求,并成为产品与服务的最终使用者。随着大数据、人工智能、物联网、云计算等新一代数字技术加速迭代并创新应用于焕新消费场景,以淘宝、京东为代表的电商平台、以微信、微博为代表社交平台等取代社会传统传播媒介,改善消费者信息不对称窘境,引发消费者角色变迁(高振娟等,2021)。

1. 消费者成为消费交易主体

消费者购买产品与服务并享受其所带来的使用价值与价值,成为消费交易全链条的核心。匹配消费者需求逐渐成为消费品企业和第三方平台企业为生产和销售出发点,也成为两方利益实现的前提。同时,消费者在电商平台(如咸鱼)上可通过 C2C 模式出售产品与服务,拥有买者和卖者双重身份且位于关键地位。

2. 消费者成为生产要素供给主体

消费者大数据成为消费品企业的关键核心要素。消费品企业与第三方平台企业对消费者大数据进行获取、清洗、处理和分析,深入洞察消费者需求以提供恰如所需的产品与服务(张峰、刘璐璐,2020)。因此,消费者数据成为消费品企业与平台企业的核心生产要素,消费者自然扮演起供给主体角色。

3. 消费者成为数字消费内容生产主体

消费者不仅是产品与服务的最终使用者,也扮演着数字内容生产者角色。例如,UGC[①]用户可透过文字、音像等多元化形式创作内容并进行数字化传播。例如,用户可以借助小红书、抖音、微博、脸书等平台上传音频、视频等,分享关于产品和服务使用价值感受并上传其所对应的购买链接,为其他有偏好的消费者带来便捷。

4. 消费者成为数字营销触达主体

消费品企业及第三方平台企业的数字化营销依赖于对消费者数据洞察,据此绘制出消费者数字画像,以便策划出精准触达消费者的营销方案。数字营销能够深挖消费者潜在的未满足需求,帮助消费品企业搜寻到新的市场机会,并进行产品和服务精准开发。同时,市场细分是数字营销得以进行的基础,针对数字营销期望触达的消费者及消费市场,投放针对性、关联性强的数字平台广告,实现个性化平台推送内容精准直达消费者,提高平台匹配效能,推动消费者福利实现最大化。

(二) 消费者数字化转型下的消费行为变化

在消费者数字化转型下,消费者消费行为也派生出新特质,具体表现为以下三方面。

1. 消费者消费行为个性化、特色化和多元化更为凸显

消费者数字化转型过程中,消费者自我观念日趋加深,更加追求个性

---

① UGC,全称 User Generated Content,即用户原创内容。最初起源于互联网领域,即用户将自己原创内容通过互联网平台进行展示或者提供给其他用户。比如,YouTube 等网站可视为 UGC 的成功案例,社区网络、视频分享、博客和播客等均是 UGC 的主要应用形式。

化、特色化、定制化、多元化的产品与服务(任保平和苗新宇,2021)。在传统消费模式下,消费主体缺少渠道与平台去实现自身需求表达,消费品企业仅以整体消费市场需求为依据对产品与服务供给进行调整。随着消费数字化转型进程不断推进,电商平台、微信小程序等为消费主体提供愈来愈多表达自我需求的渠道和平台,满足了消费主体个性化、特色化、定制化和多样化需求。比如,淘宝平台上输入"个性化定制",结果即可显示多类型定制产品与服务。其中,既包含 LOGO 和服装饰品等简单产品与服务,也包含复杂产品与服务,如服务体验和计算机等。

2. 消费者消费行为不确定性增强

在数字化转型背景下,一是消费品企业不断创新产品与服务,使得消费者产品和服务可选范畴持续扩大,因而消费者消费选择的不确定性增加。二是相比传统门店线下消费,线上消费模式中信息冗杂,消费者难以筛选出最高性价比的产品与服务,大大增加了消费选择不确定性。三是部分消费者信息筛选素质较低,导致所选购的产品与服务低于预期值,从而加大了退货退款风险。相关数据显示,平常网购退货率为 10%,"双11"期间退货率高达 30%。

3. 消费者更加注重非物质式与多形式消费

随着数字技术迭代升级焕新消费体验,消费者从关注单一物质消费转向物质与非物质消费并重。对于部分消费者而言,其消费客体不再禁锢于思考商品实用性,而是更加关注商品附加的精神享受,呈现出物质消费与非物质消费并重特点。当前,在线教育、在线医疗、在线音乐、在线旅游等数字内容的消费者人数快速增长。同时,消费形式从线下交易演变为线上线下多元融合。在数字经济时代,第三方电商平台、社交电商、APP 应用程序、区块链、移动支付等愈发成熟,消费者可使用移动互联网进行在线消费。在线消费打破时间和空间限制,可实现随时随地随需消费,且产品和服务信息资源丰裕,便捷易操作,而线下消费场所则演变为消费者购物体验中心。

(三) 数字化转型下的消费对象变化

1.快消品更加满足消费者全新偏好

快消品通过产品创新和数字渠道建设使得消费对象日益满足数字化消费者偏好和传统消费者开启数字化征程。一是由于数字化转型时代,消费者具有求奇、求新心理和情感价值导向等特点,也愈发注重产品的绿色、安全和健康等性能,快消品企业不断进行产品创新使得品牌永葆生机,聚集消费者的关注度。二是由于消费者信息触点越来越多元,快消品企业充分利用数字新技术、电商平台、在线直播等延展了消费新空间和新场景,消费者对产品与服务的选择渠道从线下走到线上并逐步发展到线上线下相融合模式,使得消费者消费对象选择更加充裕。

2.耐用品带来消费者消费全新体验

耐用品企业通过搭建数字化销售网络实现与消费者的有效衔接,特别是,房地产企业(如碧桂园、万科、龙湖以及远洋等)通过以与潜在目标客户线上互动、数字推广为基础,成功实现 VR 看房、线上认筹、锁定房源等,并在线下看实体房,最终签约完成整个购房流程。同时,使得消费者更为便捷地获取耐用消费品信息,更易掌握消费对象的有效信息,持续获得数字化消费者认可支持,也不断吸引着传统消费者走向数字化。当下汽车企业也开启了直播业务,建立起数字销售阵地,一些知名车企均已开设新媒体账号布局线上销售,在主播讲解下,汽车品牌和具体车辆产品型号相关信息已实现快速触达潜在购车人群,使得这一人群能够节时省力获取汽车信息,自由比较选择最偏好的汽车。此外,J 公司同城站实现了家居产品在线的本地化运营。当消费者点击进入 J 公司同城站,系统能够为其匹配距其最近的线下实体门店,消费者在线上下单的家居产品将全权交由对应线下实体门店提供一系列售后服务。同时,通过线上渠道获取的相关福利优惠券均可到线下门店进行产品兑换或者直接消费,有效化解了品牌商与代理商(经销商)在开拓线上渠道时面临的阻碍。

(四) 数字化转型下的消费环境变化

特定消费环境催生特定的消费行为。在消费者数字化转型中,消费环境使得消费者消费行为得以重塑,体现在以下三方面。

1. 基于消费自然环境视角,绿色健康可持续成为消费主流

数字新技术接续赋能消费品企业,过硬技术与高效产能成为生产环节突出优势,满足了消费者高品质消费追求,并促进了绿色可持续消费的发展。比如,全链条可追溯成为现实的生动范例——智慧农业园模式,绿色健康可持续成为消费者热衷的消费模式。

2. 基于消费社会环境视角,信息不对称现象得以缓解,消费安全得以保障

消费者数字化转型促进了消费品企业数字化建设,也带动了消费生态全链路布局建设,大力提升消费市场运行效能,有力打破时空交易屏障,消费者动态洞悉价值信息,进而作出更理性的消费决策。此外,消费品企业损害消费者权益的行为将得到更大更重的惩罚,一旦损害消费者利益,消费品企业将在短时间大范围内被曝光,顷刻间坠入舆论漩涡,有效改善消费者劣势地位,降低消费者潜在市场风险,消费安全得到保障。

3. 基于消费文化环境视角,和谐共享消费新氛围逐步成为大势

消费者数字化转型中消费者更加热衷于共享化、体验化消费。年轻消费者因消费能力不强,共享单车、共享汽车、共享充电宝等共享式消费方式成为年轻消费者追逐的潮流。此外,消费模式也从产品消费转变为

体验消费,消费者更加重视产品与服务所带来的精神价值,消费理念走向和谐共享,营造出和谐共享的消费氛围。数据显示,2020 年我国数字经济共享指数为 82.1,较 2019 年提高 1.5①,消费者从共享化、体验化消费服务中获得的幸福感不断增强。总之,消费者数字化转型发展逐渐以和谐共享的消费理念取代了传统消费观念和消费习惯。

四、消费者数字化转型表现形式

(一) 线下向线上转型

线下向线上转型指的是当社会服务资源相对短缺、优质服务资源供给不足,或为消费者提供更便利的消费形式时,消费者借助数字技术手段进行的、用以满足自身对高品质需求的一种消费表现形式。在线教育、互联网健康医疗服务、在线文化娱乐、智慧休闲旅游、智慧广播电视、智能体育运动、在线健身等是线下向线上转型的常见形式。以在线教育为例,消费者可通过互联网、移动互联网等设备选择优质且适合自身需求的课程视频进行学习并支付相应费用。

(二) 线上与线下融合

线上线下融合指的是在购买产品和服务前,消费者通过不同渠道对产品和服务价格等各方面进行对比,先在线下体验,再在线上下单,或先在线上体验,再在线下下单的消费活动。直播带货、社交营销、"云逛街"等各种消费表现是线上线下融合的常见形式。以社交营销为例,消费者可通过小红书、微信朋友圈、微博等社交平台查阅到关于相关产品和服务的信息,或

---

①　中国质量协会:《中国数字经济服务质量(DES-CSI)研究》。

来自企业营销或来自其他消费者使用体验等,综合各方信息形成自身"线上体验感",然后根据需求到线下进行购买等。共享消费也是线上线下融合的常见形式,指的是线上平台企业通过数字技术与金融创新,将资产的所有权属性和使用属性做分离,把使用属性按用户需求做更好匹配,以释放共享消费价值。共享汽车、共享单车、共享住宿等是线上线下融合的共享消费的常见形式。无接触式消费也是线上线下融合的常见形式,指的是企业通过提供线上数字技术与线下消费场景链接,运用"无接触商业模式"进行无接触消费的一种表现形式。无人货架、无人超市、无人餐厅等是无接触式消费的常见形式。例如,传统堂食为主的餐饮企业开始布局线上经营模式,从餐食制作到交付消费者的全流程实现人与人无直接接触。

第二节 消费者数字化转型的机制、模式、路径与效果

一、消费者数字化转型的机制

消费者数字化转型机制是由企业引导、消费者参与、政府护航三方面互动构成,企业在消费者数字化转型过程中肩负着关键性的引导作用,消费者是消费者数字化转型盛宴的参与者,政府在消费者数字化转型过程中扮演着数字基础设施供给者、扶持政策和数字规制制定者的角色,在这三方面的互动下,消费者数字化转型方能顺利实现。

(一) 企业引导是消费者数字化转型的前提

企业在消费者数字化转型过程中肩负着关键性的引导作用。具体来

看，第一，平台型企业研发并推出一系列购物 APP，为传统消费者转型成
为数字化消费者提供数字化消费工具。平台型企业推出各类数字化消费
工具后，主动转型的消费者快速抓住了这次效用极大改善机遇，成为数字
化转型"吃螃蟹的人"，并与平台企业不断互动，持续为平台提供改善服
务的消费数据。平台型企业在不断完善数字化消费工具后，为顺应转型
与被动转型的消费者提供了越来越便捷、智能的数字化消费工具，推动了
全社会消费者共同迈向数字化转型之路。第二，消费品企业建立以消费
者为中心的数字化转型商业模式，围绕消费者核心需求进行产品与服务
的研发生产，并借助第三方平台或自营小程序等线上渠道上线产品与服
务供消费者选择，为传统消费者转型成为数字化消费者提供数字化消费
对象。第三，数字化支付服务商为数字化消费提供数字化支付工具，通过
线上支付、线下二维码支付等支付工具帮助数字化消费完成最终交易订
单支付，特别是"先买后付"这一新型支付工具已成为主动转型的消费者
最青睐的支付方式。通过主动转型消费者的示范带动，顺应转型与被动
转型持续跟进学习，消费者也不断体验到数字支付带来的消费便利。

（二）消费者参与是消费数字化转型的核心

消费者既是消费数字化转型盛宴的参与者，更是核心。在政府为消
费者数字化转型提供了基础设施与政策护航，企业为消费者数字化转型
提供了数字化消费工具、消费产品与服务、支付工具后，在互联网浪潮中
成长起来的主动转型消费者凭借其先天优势，在没有任何犹豫下，主动拥
抱着数字化消费给他们带来的各种便利与消费提升。平台企业向消费者
提供了中间信任保障的技术服务，为消费者数字化转型铺平了信任之路。
以淘宝平台为例，数字化转型的消费者在淘宝平台下订单后，消费者支付
的消费资金通过支付宝暂存在支付宝账户，待消费者收到商品和服务并

确定无误后,支付宝再将消费资金转给商家,进而保障了数字化转型消费者的信心。

在这样的深度参与下,主动转型的消费者为企业改善各类数字化消费工具、产品提供了绝佳的消费者行为数据。同时,在主动转型消费者的示范带动下,顺应转型的消费者也逐步体验到数字化消费的优势,逐步转型;在主动转型消费者和顺应转型消费者的合力影响下,一些消费习惯固化、学习能力不强的被动转型消费者也逐步被社会潮流改造;最终,三种类型的消费者共同铸就成为消费者数字化转型的主体。

（三） 政府护航是消费者数字化转型的保障

政府在消费者数字化转型过程中扮演着数字基础设施供给者、扶持政策和数字规制制定者的角色。具体来看,近年来,中央及地方政府加快推进并持续加强数字消费基础设施建设,推进新一代信息网络建设,不断拓宽夯实 5G 网络应用,以及加快畅通升级全国商贸流通数字化升级,为传统消费者数字化转型提供了数字化基础设施。同时,政府不断出台促进消费数字化转型的扶持政策,扶持平台型企业、消费品企业与数字支付企业的高质量发展;针对消费数字化转型过程中可能存在的各类问题,出台相关数字规制,加强数字化消费权益保护等。政府通过数字基础设施供给、扶持政策和数字规制的制定保障消费者更深切感触到数字化消费所带来的消费者福利(如产品与服务选择多样性、消费活动更便捷高效等)。

二、消费者数字化转型的模式

根据消费者数字化转型主动性的差异,消费者数字化转型模式可以分为主动式、顺应式和被动式三种。

（一） 主动式

主动式消费者数字化转型是指该类消费者敏锐察觉数字化消费变革浪潮,消费行为主动整体走向数字化转型的一种转型模式。

主动式数字化转型的消费者具有以下特征:从年龄上看,主动式数字化转型的消费者以 30 岁以下的年轻消费者为主,也被称为 Z 世代消费者;从结构上看,年轻女性成为主动式数字化转型消费者的主力军;从消费对象上看,主动式数字化转型消费者更年轻,受其收入水平的制约,其消费对象更多以快消品为主。

该类消费人群在互联网浪潮中成长起来,其具备偏好精神消费、标签消费,更加注重品质和数据等典型特征,也被赋予了不同的生活态度和消费方式。例如,Z 世代消费者认为消费活动是一种获寻认同感的表达方式,能够帮助其维护社交关系。因此,这一消费群体更习惯在朋友圈、抖音、快手以及小红书等平台交流分享购物消费体验及使用感受。从认知、了解、同类型比较、下单购买等都赖之以社交媒体。

（二） 顺应式

顺应式消费者数字化转型是指消费者洞察数字化转型信号而采取跟随策略进行数字化转型的一种转型模式。

顺应式数字化转型的消费者具有以下特征:从年龄上看,顺应式数字化转型的消费者以 30—60 岁的中年消费者为主,也被称为 Y 世代消费者;从结构上看,中年男性、中老年女性成为顺应式数字化转型消费者的主力军;从消费对象上看,顺应式数字化转型消费者具有更强的消费购买力,其消费对象从快消品到耐用消费品均有涉及。

该类消费人群承担着育儿、住房及购车等多方压力,更加追求有品质的生活,而数字化使得品质化消费成为可能。因此,当数字化浪潮来临时,Y 世代消费者便选择顺应这一变革,迈开数字化转型步伐。

（三）被动式

被动式消费者数字化转型是指消费者并未真正主动感知到数字化转型的信号,而是随着现实生活等一系列改变的出现而被动进行数字化转型的一种转型模式。

被动式数字化转型的消费者具有以下特征:从年龄上看,被动式数字化转型的消费者以 60 岁以上的老年消费者为主,也被称为银发一族消费者;从结构上看,老年男性是被动式数字化转型消费者的主体;从消费对象上看,被动式数字化转型消费者消费能力较弱,其消费对象更多集中在生活必需品及基本服务需求。

该类消费人群随着数字化在社会经济生活的不断渗透,餐厅、公共交通工具支付均已实现扫码支付等数字化方式,使得该类消费人群不得不采取数字化支付等方式去进行正常消费,也因此被动接受了数字化转型。

三、消费者数字化转型的路径

根据消费者数字化转型的模式差异,消费者数字化转型的路径也相应分为主动式、顺应式、被动式三种。

（一）主动式消费者数字化转型路径

主动式消费者数字化转型路径是指主动转型的消费者在拥抱企业引导和政府保障的作用下,最终实现消费者数字化转型的过程机理。

具体来说,在互联网浪潮中成长起来的 Z 世代消费者(主动转型的消费者),由于其与数字技术的天然联系,在政府提供了数字基础设施供给、出台了扶持政策和数字规制政策,企业为消费者数字化转型提供了数字化消费工具、消费产品与服务、支付工具后,为更高程度、更大效用地享受数字化消费的优势,无时差、无间隙地主动拥抱数字化消费的过程。在这一过程中,Z 世代消费者会自己甄别遴选适合自己的数字化消费工具、消费产品与服务、支付工具,搬迁至数字化基础设施更完善的地区生活,并积极运用政府出台的数字规制政策保护自己合法的消费者权益。

(二) 顺应式消费者数字化转型路径

顺应式消费者数字化转型路径是指顺应转型的消费者在借助企业引导和政府保障的作用下,最终实现消费者数字化转型的过程机理。

具体来说,人到中年的 Y 世代消费者(顺应转型的消费者),由于其具备较强的学习模仿能力,在观察到 Z 世代消费者(主动转型的消费者)数字化转型后,消费便利性极大提高、消费效用得到更大满足,为了实现与提升自身与家庭的消费品质,Y 世代消费者积极跟随模仿,顺应融入消费者数字化转型的浪潮中。在这一过程中,Y 世代消费者会选择热门、流行的数字化消费工具、消费产品与服务、支付工具,根据自身的消费能力选择在数字化基础设施不断完善的地区生活,并借助政府出台的数字规制政策保护自己合法的消费者权益。

(三) 被动式消费者数字化转型路径

被动式消费者数字化转型路径是指被动转型的消费者在企业引导和政府保障的洗礼下,最终被动实现消费者数字化转型的过程机理。

具体来说,银发一族消费者(被动转型的消费者),由于其学习模仿能力较弱,即便在 Z 世代消费者和 Y 世代消费者数字化转型后,其自身仍没有数字化转型的紧迫感与主动性,在企业与政府的各类硬性政策要求下,被动融入消费者数字化转型的浪潮中。在这一过程中,银发一族消费者根据身边亲友建议选择数字化消费工具、消费产品与服务、支付工具,继续留在数字化基础设施无论完善与否的地区生活,并在政府出台数字规制政策的统一保护下被动数字化消费。

四、消费者数字化转型效果的评价体系

为进一步评价消费者数字化转型的效果,本章从基础指标、能力指标、效果指标三个维度构建转型效果评价体系。

(一) 基础指标

在消费者数字化转型中,以智能手机、平板电脑、计算机等为代表的智能终端设备是消费者实现数字化消费的基础工具;消费者进行数字化消费时的网络条件也是助力数字化消费转型的重要基础;同时,消费者可用于网购的消费金额是消费者进行数字化消费的基础保障。因此,消费者数字化转型效果的基础指标主要从消费者拥有智能终端设备数量、网络条件、可消费金额三方面指标来衡量。

1. 智能终端设备数量

从主动式消费者来看,对于智能手机、平板电脑和计算机等智能终端设备较感兴趣,无论工作还是学习也更愿意通过这类智能终端设备来进行,因而其拥有智能手机、平板电脑和计算机的数量较多。从顺应式消费者来看,购买并借助智能手机、平板电脑和计算机等智能设备进行工作与生活多是顺应时代发展下的从众式选择,因而相对于主动式消费者,其拥

有智能手机、平板电脑和计算机的数量会相对较少。从被动式消费者来说，受限于成长背景年代，其本身对于智能手机、平板电脑和计算机等智能设备兴趣极小，加之不熟悉智能设备使用，导致其拥有智能设备数量更少。

2. 网络条件

从主动式消费者来看，网络条件是其数字化消费的基础保障，因此，主动式消费者也一定会选择网速更快、上网更便利的消费场所。从顺应式消费者来看，数字化转型是一种从众行为，其对网络条件有要求，但不敏感，网络条件能够保证其有品质的数字化消费即可。从被动式消费者来说，其是迫于生活需求被动转型的消费者，其对于网络条件没有要求，网络条件能够保证其基本生活即可。

3. 可消费金额

从主动式消费者来看，其是天生的数字化消费者，因此其可用于网购的消费金额几乎等同于其可用于消费总金额。从顺应式消费者来看，数字化转型是其提升消费品质的一种手段，但其仍保留较多线下消费的渠道，因此其用于网购消费的金额只是其可用于消费总金额的一部分。从被动式消费者来说，数字化消费是是迫于无奈的选择，因此其用于网购消费的金额只是其可用于消费总金额的一小部分。

（二）能力指标

在消费者数字化转型中，消费者网购意愿决定消费者是否有开启网购的意识，对网站、APP、小程序等数字消费工具的了解程度及消费者网购熟练程度决定了消费者是否会进行网购实践。同时，上述三者也共同影响着消费者网购年限，而消费者消费年限长短也代表着消费者网购的能力水平。因此，消费者数字化转型效果的能力指标主要从消费者网购意愿、数字消费工具了解程度、网购熟练程度及网购年限四方面指标去衡量。

1. 网购意愿

从主动式消费者来看,其认知和接受新鲜事物意识和能力较强,也更愿意去探索和经历新鲜事物带来的全新征程,因此其网购意愿更为强烈。从顺应式消费者来看,数字化转型是其提升消费品质的锦上添花手段,数字化消费转型也为其提供了更多的消费选择,因此其网购意愿较为强烈。从被动式消费者来说,数字化消费可有可无,因此其网购意愿不强烈。

2. 数字消费工具了解程度

从主动式消费者来看,其长期开展数字化消费,因此其对网站、APP、小程序等数字消费工具非常了解。从顺应式消费者来看,数字化转型是其跟随主动式消费者不断模仿学习的过程,因此其对数字消费工具也比较了解。从被动式消费者来说,数字化消费是在其亲属和朋友的协助下完成的,因此其对数字消费工具不甚了解。

3. 网购熟练程度

从主动式消费者来看,其出生于数字化消费时代、成长于数字化消费时代,从未离开过数字化消费,因此其网购熟练程度非常高。从顺应式消费者来看,数字化消费是跟随社会大众学习的结果,是满足并提升其消费品质的有效途径,因此其网购熟练程度也较高。从被动式消费者来说,数字化消费是在其亲属和朋友的协助下开展的,因此其网购熟练程度较低。

4. 网购年限

从主动式消费者来看,其从出生一直伴随着数字化消费而成长,因此其网购年限相对于其年龄而言非常长。从顺应式消费者来看,数字化消费是社会科技进步、数字化消费产品出现后的新生事物,因此其网购年限相对于年龄也会较短。从被动式消费者来说,数字化消费不是其消费的必要环节,因此其网购年限相对于年龄更短,甚至为空白。

（三）效果指标

在消费者数字化转型中,消费者网购支出占比代表着消费者网购消费金额规模占比;网购数量代表着消费者在网络购买产品与服务消费数量多少;网购频率代表着消费者进行网购次数多寡。以上三个方面指标分别从金额规模、数量规模、频率评价消费者数字化转型效果。

1. 网购支出占比

从主动式消费者来看,其是坚定的数字化消费者,因此其网购支出占比非常高,甚至占比接近100%。从顺应式消费者来看,数字化消费持续改善其消费品质与消费效率,因此其网购支出占比也在持续提升。从被动式消费者来说,数字化消费取决于其亲属与朋友的支持度,亲友支持度高,其也被动提高,没有支持,数字化消费则缺失,因此其网购支出占比较低。

2. 网购数量

从主动式消费者来看,数字化消费已经是其生活的重要组成部分,从衣食住行的各种必要商品到各种服务,其都会选择数字化方式消费,因此其网购数量非常多。从顺应式消费者来看,越来越便捷的数字化消费和越来越好的体验吸引了顺应式消费者的更多投入,因此其网购数量也在持续增多。从被动式消费者来说,数字化消费是在亲友的支持下完成,因此其网购数量较少。

3. 网购频率

从主动式消费者来看,数字化消费可以碎片化充实到生活的每个环节、每个时刻,因此其网购频率非常高,其会利用生活与工作的碎片化时间来开展数字化消费。从顺应式消费者来看,数字化消费实实在在提升了其消费品质与消费效率,因此其网购频率不断提升。从被动式消费者来说,数字化消费离不开亲友的支持,因此其网购频率较低。

第三节　消费者数字化转型的发展现状

一、消费者数字化转型基础持续夯实

近年来,我国新型数字基础设施加速布局建设,成为夯实消费者数字化转型的坚实基础。主要表现在:一是 5G 基站和千兆光纤网络建设加速,消费者网络可获得力持续提升。2022 年我国 5G 基站累计建成并开通 231 万个,实现了"县县通 5G""村村通宽带"。我国 5G 基站规模全球占比超过 60%,实现每万人拥有 16.4 个 5G 基站数,比 2021 年年末提高6.3 个百分点。同时,我国现有 110 个达到千兆城市建设标准的城市网络建设。2021 年已建成 1523 万个 10G PON 端口。二是网络用户规模持续增长,为消费者数字化转型奠定良好基础。2022 年我国移动电话用户数达 16.83 亿户,固定宽带用户达 5.9 亿户(仅包括兆比特每秒及以上接入速率),宽带用户接入总宽带达 19933 万千兆比特每秒。三是移动互联网流量增长迅猛,移动流量消费持续释放。2021 年我国移动互联网接入流量为 2618 亿吉字节,同比增长 18.1 个百分点。

二、消费者数字化消费规模持续扩张

我国拥有广阔市场空间、强劲消费能力,在互联网平台升级改版、互联网技术迭代及直播带货兴盛下,尤其在新冠疫情大流行期间都推动着

我国消费者数字化消费规模持续扩张。主要表现在:一是从数字贸易规模来看,2018—2020 年我国数字贸易出口和进口规模稳步增长。据国家工业信息安全发展中心数据显示,2022 年我国可数字化交付的服务贸易规模达 2.5 万亿元,比 5 年前增长了 78.6%。二是从跨境电商规模来看,2019—2022 年我国跨境电商进出口规模保持较高增速。数据显示,2022 年我国跨境电商进出口 2.1 万亿元,比两年前增长 30.2%。① 三是从社会消费品零售总额来看,国家统计局数据显示,2022 年我国网上零售规模实现 13.79 万亿元,同比增长 4%;实物商品网上零售规模实现 11.96 万亿元,同比增长 6.2%,占社会消费品零售总规模比重的 27.2%。

三、消费者数字化主力群体强势崛起

数字经济高速发展背景下,我国主力消费群体持续更替,新生力量逐渐出现,成为数字化消费者的关键力量。一是年轻朝气且具备无限可能性的 Z 世代(18—24 岁)。伴随 Z 世代逐渐成年并走向职场,其蕴藏的消费潜力不断释放,线上消费能力及规模也持续增长,成为数字化消费者的核心力量。二是银发且生活方式多元化的中老年群体。随着居民生活水平普遍提高,众多中老年人生活方式更加多元化,通过互联网接触到更多新鲜事物,产生更多新的消费偏好。例如,老年人通过接触抖音、快手等短视频平台成为潜在可转化的消费力量,进而成为数字化消费者的全新驱动。据数据显示,截至 2021 年 12 月,我国 60 岁及以上老年人网民规模达 1.19 亿,互联网普及率达 43.2%。其中,能够独立通过网络购买生活用品的群体占比达 52.1%。② 三是三线及以下城市等下沉市场的消费

---

① 《我国将加快发展数字贸易》,《经济日报》2023 年 3 月 3 日。
② 中国互联网络信息中心:第 49 次《中国互联网络发展状况统计报告》。

群体,其呈现出"既有消费能力,又有消费时间"的特征,对产品与服务的需求逐步增长,借助互联网的通达性,也成为数字化消费群体的强劲力量。

但当前我国消费者数字化转型也面临着诸多可改进的地方值得关注。例如,从企业层面来看,平台企业、消费品企业等可能存在着不当行为致使消费者遭受信息过载困扰、隐私数据被泄露以及超前消费带来的清偿压力;从消费者自身来看,消费者数字化转型核心是消费者从传统消费者走向数字化消费者的角色变迁。对于消费者来说,走向数字化是一个在认知中实践、在实践中认知的螺旋式过程,所以消费者很难清晰认知消费者数字化转型全貌;从政府层面来看,消费者数字化转型是消费者从传统走向数字化的过程,离不开良好宏观生态环境的建构以及完善的数字消费基础设施建设。为此,可以基于这些维度进行及时改进。

第四节　消费者数字化转型的对策建议

一、企业需牢固树立并践行企业自律准则

1. 强化对消费者数据获取、管理等全流程的安全保障

通过行业协会监管、自律协议签署等形式,消费品企业、平台企业应不断加强对消费者数据合情合理合法收集、管理和使用,加强企业内部消费者数据运营管理,持续深化对消费者数据安全、消费者信息保护等认知,保障消费者数据存储安全和其质量效能提升。同时,企业应通过正规渠道合理引进外部消费者数据资源,自觉拒绝同违法贩卖消费者数据的企业进行商业交易。

2. 制定消费者数据管理标准规范

消费品企业应加快建设数据管理标准规范,引导平台企业建立与之

相配套的业务治理模式,围绕平台企业数据抓取、储存、管理和使用的全环节,制定平台企业内部关于消费者数据安全管理标准规范,完善企业自律体系,包括消费者数据安全风险评估、报告与监测预警等机制,做好消费者数据安全管理。

3.建立个性化平台信息推荐机制

平台企业建立个性化平台信息推荐机制,以便提供个性化产品信息推荐服务。从消费者发布、搜寻和反馈的信息中抓取消费者数据,构建消费者画像,洞察消费者个性化、特色化需求及其偏好,并向其推送其偏好的产品与服务。

4.恪守诚信经营准则及建立长效管理机制

消费品企业和平台企业应恪守企业诚信经营准则,提升企业商业信用,持续赢得消费者信任。承诺必履,以透明公开建设标准实现产品与服务价格动态可视化。同时,建立长效管理机制,以保障消费者知情权的合法权益为服务原则,畅通监督管理渠道。

5.完善服务协议内容及优化支付安全环境

数字化支付服务商应不断完善服务条款协议内容,实现用户切身利益一切条款字清句明,避免句式歧义损害双方权益。同时,持续优化支付安全环境,严防消费者账户信息被泄露,规避网络诈骗等违法行为出现。

二、消费者需加深消费数字化转型实践认知能力

1.主动式:基于实际需求及多渠道信息提升辨识能力

主动式消费者应保持消费理性,始终基于个人真实需求考量,确定产品与服务的需求品类,减少冲动型消费欲望滋长。同时,通过多渠道获取产品与服务相关信息,主动提升自身综合分析辨别能力,捕寻产品与服务

真实可靠信息,再作出符合自身利益最大化的消费决策。

2. 顺应式:提前规划及做好价格追踪降低不适配概率

顺应式消费者应提前制定好消费内容,充分利用碎片化消费时间进行产品与服务价格追踪,再进行消费攻略规划,降低产品与服务不适配发生概率,实现自身较高的消费满意度。

3. 被动式:发挥时间优势主动提升数字化实践操作能力

被动式消费者应利用好自身时间优势,积极主动接触、学习简易的数字化消费操作。比如,先通过社区团购形式接触数字化消费,持续丰富数字化消费认知。在不断积累下,再进行较为复杂的数字化消费。

综上,无论是何种类型消费者,都应提高自身信息处理与分析素养。消费者可通过经验法则①、去枝法则②和略读法则③以及过滤法则④来判断自身需要何种信息,提高抓取、分析和利用信息的能力,以降低信息过载带来的干扰。

三、政府需优化消费者数字化转型宏观环境

1. 强化消费者数据制度体系建设

消费者数据涉及消费者个人、消费品企业、平台企业以及数据中介机构等多个主体,政府应加快完善消费者数据制度体系建设。一是明确消费者数据资源抓取、管理、利用和安全保障等具体制度规范,从国家层面成立消费者数据管理机构,并将其作为消费者数据管理责任主体,明确并细化其相关权

---

① 消费者不以获得巨量信息为目标,而仅需要获取现存信息的有价值部分。
② 删除冗余枝节而仅在选定范围内读取信息的方法。
③ 消费者使用略读、浏览或扫描等方式替代精读、细读的阅读信息方式。
④ 专心处理某一类信息而将其他信息置之度外。

利与义务。二是积极探索消费者数据权属划分规则,加强对消费者数据确权研讨,制定出台消费者数据产权保护法律规范,解决消费者数据确权、安全保护边界以及平衡消费者、企业和社会整体三方合法权益等问题。三是加快制定消费者数据分类分级制度并不断完善消费者数据分类分级治理细则,指导消费品企业、平台企业等开展消费者数据安全分类分级,明确消费者数据供给方、使用方以及监管方等多方主体的消费者数据安全法律权责。四是建立监管各部门数据信息共享、协同监管和协同惩处机制,对违规收集消费者数据并使用等企业行为进行监管与惩戒,从深从实保障消费者数据安全。

2.加快数字消费基础设施建设布局

一是全面加快卫星互联网、云计算、大数据及数字软件等数字基础设施建设,以技术赋能偏远地区数字化转型中的消费者以及即将走向数字化转型的消费者,驱动消费者通过数字化基础设施触达与消费品企业等供给主体实现有效衔接,以满足自身个性化、多元化和体验化消费需求,挖掘消费者潜在的数字化消费潜力,壮大数字化消费者群体规模。二是妥善解决偏远地区物流"最后一公里"问题。统筹偏远地区物流资源,鼓励邮政、顺丰、中通、京东等物流公司采取多形式合作共享终端派送网络,推广偏远地区物流公司共同派送模式;补齐偏远地区物流基础设施短板。依托市区、县域现有物流配送中心,整合乡镇、村社公共基础设施资源,建设村级物流派送服务网点。三是加快数字中国与数字城市建设。充分发挥新一代数字技术引领作用,将数字技术最大限度应用于城市基础设施建设,将物联网感知设施优先推广应用于城市基础设施,全面实现基础设施数字化、联网化,以满足消费者数字化全生态建设需要。

(本章执笔人:广东外语外贸大学国际
服务经济研究院　陈和、蔡鸿轩)

附录　产业数字化规模的测算方法

对于传统产业中数字经济部分的测算,我们根据国家统计局公布的投入产出表,计算某产业对数字经济的完全消耗系数,再通过计算某产业总产出和该产业对数字经济的完全消耗系数的乘积作为该产业的数字化规模。

数字经济包括数字产业化和产业数字化两大部分,具体计算方法如下:

数字产业化部分即信息通信产业。通过直接加总投入产出表中通信设备、计算机和其他电子设备以及信息传输、软件和信息技术服务,得到数字经济中数字产业化的部分。

为了剥离出传统产业中数字经济的部分,本书引入数字经济调整系数。数字经济调整系数是指行业中数字经济增加值占该行业总增加值的比重,用公式表示为:行业数字经济调整系数=行业数字经济增加值/行业总增加值。而部分产品同时拥有数字化与非数字化的成分,这类产品被称为"不完全数字化产品",从这类产品中剥离出的成分需要更多详细的数据作为支撑,而目前与数字经济相关的基础数据还不够完善,因此,不能对这类产品的数字与非数字化内容作出准确划分,考虑到结果的准确度,本书在数字经济规模的测算中,只包括了完全或主要特征为数字化的产品。综上,本书将广播、电视、电影和影视录音制作完全纳入数字经济部分,只对批发和零售业以及新闻出版业中数字化部分进行剥离。

在批发和零售业中,许宪春、张美慧(2020)将互联网批发和贸易代理作为批发业中数字化的部分,将互联网零售作为零售业中数字化的部分。由于互联网批发在 2018 年后才单独列出,互联网零售在 2013 年才单独列出,部分数据难以获取。电子商务服务业是指通过信息网络以电子数据信息流通的方式在全世界范围内进行的各种商务活动,该指标可以有效衡量批发和零售业中数字化的部分。由于部分年份全国电子商务服务业规模数据难以获取,本书采用全国网上零售额与全国限额以上批发业和零售业商品销售和之比来测算批发和零售业中数字化的部分。数据及其来源见附表 1。

附表 1　我国批发和零售业的数字化部分测算

年份	全国网上零售额 (亿元)	全国限额以上批发零售业 商品销售额(亿元)	批发零售业数字化 部分占比(%)
2014	515567.5	38773.2	7.5
2015	558877.6	51555.7	9.2
2016	630181.3	71750.7	11.4
2017	691162.1	90064.97	13.0
2018	782518.3	106324.2	13.6
2019	864261.2	117601.3	13.6
2020	1107727	130883.5	11.8

资料来源:《中国统计年鉴》。

在新闻出版业中,将音像制品出版、电子出版物出版和数字出版三部分作为新闻和出版业中数字化的部分。由于《新闻出版产业分析报告》自 2009 年开始公布,2007 年数据缺失,于是采用 2009 年相应数据替代 2007 年数据。数字经济调整系数为全国音像制品、电子出版物和数字出

版营业收入之和与全国新闻和出版营业收入之比。数据及其来源见附
表2。

附表 2　我国新闻出版业的数字化部分测算

年份	数字出版营业收入（亿元）	新闻和出版总营业收入（亿元）	网络新闻和出版营业收入占比（%）
2014	4403.9	17252.0	20.3
2015	5720.9	17343.8	24.8
2016	7071.9	18119.2	28.1
2017	8330.8	18687.5	30.8
2018	9800.0	18896.1	34.2
2019	11781.7	16776.3	41.3
2020	12762.6	18564.7	40.7

资料来源:历年《新闻出版产业分析报告》。

　　由于2021年、2022年各产业总产出数据难以获取,于是根据2020年
投入产出表中各产业增加值规模与对应总投入的比值对2021年及2022
年各产业总产出规模进行测算,再通过计算2021年和2022年各产业总
产出规模与2020年相应产业对数字经济的完全消耗系数的乘积作为
2021年及2022年各产业数字化规模的预测。

参 考 文 献

［1］陈兵:《人工智能场景下消费者保护理路反思与重构》,《上海财经大学学报》2019 年第 4 期。

［2］杜丹清:《互联网助推消费升级的动力机制研究》,《经济学家》2017 年第 3 期。

［3］范亚辰、谭静:《疫情倒逼下中国居民消费体系转型升级研究》,《地方财政研究》2020 年第 10 期。

［4］高振娟、赵景峰、张静、李雪:《数字经济赋能消费升级的机制与路径选择》,《西南金融》2021 年第 10 期。

［5］韩佳平、李阳:《我国企业数字化转型:特征分析、发展规律与研究框架》,《商业经济研究》2022 年第 6 期。

［6］何大安:《互联网应用扩张与微观经济学基础——基于未来"数据与数据对话"的理论解说》,《经济研究》2018 年第 8 期。

［7］林晓珊:《新型消费与数字化生活:消费革命的视角》,《社会科学辑刊》2022 年第 1 期。

［8］刘丽平:《对国有企业数字化转型的思考》,《冶金管理》2022 年第 5 期。

［9］刘淑春、闫津臣、张思雪、林汉川:《企业管理数字化变革能提升投入产出效率吗》,《管理世界》2021 年第 5 期。

［10］柳进军:《数字时代消费品制造业的产业特征与转型策略探析》,《中关

村》2021年第9期。

[11]马名杰、戴建军、熊鸿儒:《数字化转型对生产方式和国际经济格局的影响与应对》,《中国科技论坛》2019年第1期。

[12]马玥:《数字经济对消费市场的影响:机制、表现、问题及对策》,《宏观经济研究》2021年第5期。

[13]倪克金、刘修岩:《数字化转型与企业成长:理论逻辑与中国实践》,《经济管理》2021年第12期。

[14]戚聿东、肖旭:《数字经济时代的企业管理变革》,《管理世界》2020年第6期。

[15]齐刚:《工程设计企业数字化转型探讨》,《中国建设信息化》2022年第5期。

[16]任保平、苗新宇:《新经济背景下扩大新消费需求的路径与政策取向》,《改革》2021年第3期。

[17]任本燕:《基于创新驱动背景下的数字经济发展路径研究》,《经营与管理》2020年第3期。

[18]史宇鹏、王阳、张文韬:《我国企业数字化转型:现状、问题与展望》,《经济学家》2021年第12期。

[19]唐浩丹、蒋殿春:《数字并购与企业数字化转型:内涵、事实与经验》,《经济学家》2021年第4期。

[20]田正:《日本数字发展动因与趋势分析》,《东北亚学刊》2022年第2期。

[21]王核成、王思惟、刘人怀:《企业数字化成熟度模型研究》,《管理评论》2021年第12期。

[22]王卫国、陈东、王贤、马瑞:《数字化本质与运营模式进化的探讨》,《信息系统工程》2021年第11期。

[23]王晓宁:《行业数字化转型模式与路径》,《中国信息化周报》2021年7

formation: An Ongoing Process of Strategic Renewal", *Long Range Planning*, Vol.52, No.3, 2019, pp.326-349.

［47］Wilhelm, L.G., "Explanation of Binary Arithmetic", *Memoires de l'Academie Royale des Sciences*, Vol.6, No.3, 1703, pp.223-227.

［48］Savolainen, R., "Spatial Factors as Contextual Qualifiers of Information Seeking", *Information Research*, Vol.11, No.4, 2006, pp.3-13.

责任编辑：孟　雪
封面设计：汪　阳
责任校对：周晓东

图书在版编目（CIP）数据

数字化转型理论与实践/林吉双等 著. —北京：人民出版社，2023.10
ISBN 978－7－01－025915－4

Ⅰ.①数…　Ⅱ.①林…　Ⅲ.①信息经济-经济发展-研究-中国　Ⅳ.①F492

中国国家版本馆 CIP 数据核字（2023）第 167075 号

数字化转型理论与实践

SHUZIHUA ZHUANXING LILUN YU SHIJIAN

林吉双　等　著

人民出版社 出版发行
（100706　北京市东城区隆福寺街 99 号）

北京中科印刷有限公司印刷　新华书店经销

2023 年 10 月第 1 版　2023 年 10 月北京第 1 次印刷
开本：710 毫米×1000 毫米 1/16　印张：11.5
字数：140 千字

ISBN 978－7－01－025915－4　定价：58.00 元

邮购地址 100706　北京市东城区隆福寺街 99 号
人民东方图书销售中心　电话（010）65250042　65289539